KT그룹

종합인적성검사

인문계

	영 역	지각정확력, 언어추리력, 판단력, 응용수리력, 단어연상력, 직무해결력
제 1 회	문항수	130문항
	시 간	65분
	비 고	객관식 4지선다형

SEOWONGAK
(주)서원각

>> 지각정확력(30문항/6분)

▌1~5▌ 아래의 기호/문자 무리 중 각각의 문제에서 제시된 것이 몇 개인지 고르시오.

Å	₵	¥	₵	℃	£
£	℃	°F	Å	£	∬
¥	°F	₵	¥	¢	°F
℃	£	℃	£	₵	¢
₵	Å	¢	∬	¥	℃
¥	°F	¥	℃	¢	°F

1.

℃

① 5개　　　　　　② 6개
③ 7개　　　　　　④ 8개

2.

₵

① 3개　　　　　　② 4개
③ 5개　　　　　　④ 6개

3.

°F

① 2개　　　　　　② 3개
③ 4개　　　　　　④ 5개

4.

∬

① 2개　　　　　　② 3개
③ 4개　　　　　　④ 5개

5.

¥

① 4개　　　　　　② 5개
③ 6개　　　　　　④ 7개

▌6~10▌ 아래의 기호/문자 무리 중 각각의 문제에서 제시된 것이 몇 개인지 고르시오.

A	C	Z	B	A	C
X	B	E	A	C	X
C	Y	C	X	Y	B
E	A	D	W	Z	Z
Y	Z	B	Z	E	C
X	E	Y	C	A	V

6.

D

① 0개　　　　　　② 1개
③ 2개　　　　　　④ 3개

7.

C
① 5개 ② 6개
③ 7개 ④ 8개

8.

W
① 1개 ② 2개
③ 3개 ④ 4개

9.

Y
① 1개 ② 2개
③ 3개 ④ 4개

10.

Z
① 3개 ② 4개
③ 5개 ④ 6개

▌11~15▐ 아래의 기호/문자 무리 중 각각의 문제에서 제시된 것이 몇 개인지 고르시오.

가을	가지	가구	가을	가열	가족
가열	가방	가상	가망	가치	가지
가지	가사	가방	가열	가사	가구
가구	가을	가사	가상	가구	가축
가방	가열	가망	가지	가사	가망
가족	가지	가구	가상	가망	가을

11.

가열
① 1개 ② 2개
③ 3개 ④ 4개

12.

가치
① 0개 ② 1개
③ 2개 ④ 3개

13.

가구
① 3개 ② 4개
③ 5개 ④ 6개

14.

가족
① 1개 ② 2개
③ 3개 ④ 4개

15.

가상
① 1개 ② 2개
③ 3개 ④ 4개

▌16~20▐ 각 문제의 보기 중 아래의 기호/문자 무리에 제시되지 않은 것을 고르시오.

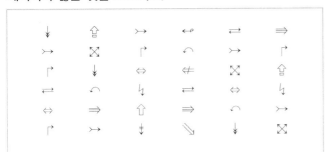

16.

① ↰   ② ⇔
③ ⌒   ④ ⇉

17.

① ⤚   ② ↔
③ ↳   ④ ⇧

18.

① ⋈   ② ↱
③ ⇈   ④ ↓

19.

① ⇧   ② ⇄
③ ⇐   ④ ⇝

20.

① ⬊   ② ‡
③ ↢   ④ ↕

▌21~25▐ 각 문제의 보기 중 아래의 기호/문자 무리에 제시되지 않은 것을 고르시오.

21.

① ⊶   ② ≒
③ ÷   ④ ∴

22.

① ≏   ② ∵
③ ≗   ④ ≔

23.

① ÷   ② ∷
③ ≃   ④ ≔

24.

① ∴   ② ≎
③ ⸫   ① ⁝

25.

① ≒   ② ⋯
③ ∺   ④ ⋮

▮26~30▮ 각 문제의 보기 중 아래의 기호/문자 무리에 제시되지 않은 것을 고르시오.

여자	빨강	쿠키	바다	남자	책상
축구	지갑	난초	장미	농구	탄소
병원	튤립	약국	산소	발톱	벼루
전화	가위	야구	종이	버스	반지
과자	하늘	손톱	안경	신발	기차
연필	가방	파랑	육지	의자	매화

26.
① 반지   ② 안경
③ 시계   ④ 신발

27.
① 산소   ② 탄소
③ 하늘   ④ 질소

28.
① 여자   ② 가방
③ 남자   ④ 화장

29.
① 육지   ② 바지
③ 기차   ④ 종이

30.
① 노랑   ② 파랑
③ 책상   ④ 빨강

〉〉 언어추리력(20문항/7분)

▮31~35▮ 다음 문제의 〈보기 1〉을 보고 〈보기 2〉에 제시된 문장의 참·거짓, 알 수 없음을 판단하시오.

31.

〈보기 1〉
• 아버지는 비가 오면 큰아들의 나막신이 잘 팔릴 것이므로 좋지만 작은아들이 걱정된다.
• 아버지는 비가 오지 않으면 작은아들의 짚신이 잘 팔릴 것이므로 좋지만 큰아들이 걱정된다.
• 비가 오거나 오지 않거나 둘 중 하나일 것이다.

〈보기 2〉
비가 오거나 오지 않거나 아버지의 걱정은 있다.

① 참

② 거짓

③ 알 수 없음

32.

〈보기 1〉
• 과일의 열매는 좋다.
• 열매보다 더 좋은 것은 꽃이다.
• 씨가 없으면 열매가 없다.

〈보기 2〉
씨가 열매보다 좋다.

① 참

② 거짓

③ 알 수 없음

33.

> **〈보기 1〉**
> • 만약 별이 원형이라면, 별은 하늘이다.
> • 별은 원형이 아니다.

> **〈보기 2〉**
> 별은 하늘이 아니다.

① 참

② 거짓

③ 알 수 없음

34.

> **〈보기 1〉**
> • 모든 A는 B이다.
> • 모든 B는 C이다.
> • 어떤 D는 B이다.
> • 어떠한 E도 B가 아니다.

> **〈보기 2〉**
> 어떤 C는 B이다.

① 참

② 거짓

③ 알 수 없음

35.

> **〈보기 1〉**
> • 파란색을 좋아하는 사람들은 항상 술을 마신다.
> • 파란색을 좋아하지 않는 사람은 한 달에 소설책을 한 권 이상 읽지 않는다.
> • 내 친구들은 모두 파란색을 좋아한다

> **〈보기 2〉**
> 나는 한 달에 소설책을 2권 읽으므로 파란색을 좋아하지 않는다.

① 참

② 거짓

③ 알 수 없음

┃36~38┃ 다음 〈조건〉을 보고, 각 문제의 내용이 〈조건〉에 비추어 논리적으로 항상 참이면 '참', 거짓이면 '거짓', 참·거짓을 알 수 없으면 '알 수 없음'을 선택하시오.

> **〈조건〉**
> • 갑, 을, 병, 정, 무의 월급은 각각 10만 원, 20만 원, 30만 원, 40만 원, 50만 원 중 하나이다.
> • 갑의 월급은 병의 월급보다 많고, 무의 월급보다는 적다.
> • 정의 월급은 을의 월급보다 많고, 갑의 월급도 을의 월급보다 많다.
> • 병의 월급은 을의 월급보다 많고, 정의 월급보다는 적다.
> • 정이 월급을 가장 많이 받는 사람은 아니다.

36.

> 월급이 세 번째로 많은 사람은 갑이다.

① 참

② 거짓

③ 알 수 없음

37.

> 무와 병의 월급은 20만 원 차이가 난다.

① 참

② 거짓

③ 알 수 없음

38.

> 을과 무의 월급의 합은 갑과 병의 월급의 합보다 많다.

① 참

② 거짓

③ 알 수 없음

▌39~40▐ 다음 〈조건〉을 보고 각 문제의 내용이 〈조건〉에 비추어 논리적으로 참이면 '참', 거짓이면 '거짓', 참·거짓을 알 수 없으면 '알 수 없음'을 선택하시오.

〈조건〉
- 현명한 사람은 거짓말을 하지 않는다.
- 건방진 사람은 남의 말을 듣지 않는다.
- 거짓말하지 않으면 다른 사람의 신뢰를 얻는다.
- 남의 말을 듣지 않으면 친구가 없다.

39.

현명한 사람은 다른 사람의 신뢰를 얻는다.

① 참
② 거짓
③ 알 수 없음

40.

친구가 있으면 건방지다.

① 참
② 거짓
③ 알 수 없음

▌41~43▐ 다음 〈보기〉의 내용에 비추어 문제의 내용이 논리적으로 참이면 '참', 거짓이면 '거짓', 참·거짓을 알 수 없으면 '알 수 없음'을 선택하시오.

41.

〈보기〉
- 갑, 을, 병, 정 네 사람의 절도용의자가 심문을 받고 있다.
- 네 사람 중 단 한 사람만이 진실을 말한다.
- 절도범은 한 명이다.
- 네 사람이 주장하는 내용은 다음과 같다.
  – 갑 : 을이 절도를 하였다.
  – 을 : 정이 절도를 하였다.
  – 병 : 나는 훔치지 않았다.
  – 정 : 을은 거짓말을 하고 있다.

절도를 한 사람은 병이다.

① 참
② 거짓
③ 알 수 없음

42.

〈보기〉
- 이씨는 김씨보다 앞에 있다.
- 최씨는 김씨보다 뒤에 있다.
- 박씨는 최씨 바로 앞에 있다.
- 홍씨는 제일 뒤에 있다.
- 박씨 앞에는 두 명이 있다.

최씨는 이씨보다 뒤에 있다.

① 참
② 거짓
③ 알 수 없음

43.

〈보기〉
- A는 B보다 나이가 적다.
- D는 C보다 나이가 적다.
- E는 B보다 나이가 많다.
- A는 C보다 나이가 많다.

B가 가장 나이가 많다.

① 참
② 거짓
③ 알 수 없음

┃44~45┃ 〈보기〉를 보고 각 문제에 제시된 문장의 참·거짓, 알 수 없음을 판단하시오.

〈보기〉
• 함께 있던 A, B, C, D 네 명의 아이 중 하나가 꽃병을 깼다.
• 세 명은 진실을 말하고, 한 명은 거짓을 말했다.
• A는 D가 깨지 않았다고 했으나 B는 D가 꽃병을 깼다고 했다.
• C는 B가 깼다고 했고, D는 A가 깨지 않았다고 말했다.

44.

거짓말을 한 사람은 A이다.

① 참
② 거짓
③ 알 수 없음

45.

거짓말을 한 사람은 B이다.

① 참
② 거짓
③ 알 수 없음

┃46~47┃ 다음 〈조건〉을 보고 각 문제의 내용이 〈조건〉에 비추어 논리적으로 참이면 '참', 거짓이면 '거짓', 참·거짓을 알 수 없으면 '알 수 없음'을 선택하시오.

〈조건〉
• 목요일에 학교에 가지 않으면 월요일에 학교에 간다.
• 금요일에 학교에 가지 않으면 수요일에 학교에 가지 않는다.
• 수요일에 학교에 가지 않으면 화요일에 학교에 간다.
• 월요일에 학교에 가면 금요일에 학교에 가지 않는다.
• 유진이는 화요일에 학교에 가지 않는다.

46.

유진이는 금요일에 학교를 간다.

① 참
② 거짓
③ 알 수 없음

47.

유진이는 월요일에 학교를 간다.

① 참
② 거짓
③ 알 수 없음

┃48~49┃ 다음 〈조건〉을 보고 각 문제의 내용이 〈조건〉에 비추어 논리적으로 참이면 '참', 거짓이면 '거짓', 참·거짓을 알 수 없으면 '알 수 없음'을 선택하시오.

〈조건〉
• A는 수영을 못하지만 B보다 달리기를 잘한다.
• B는 C보다 수영을 잘한다.
• D는 C보다 수영을 못하지만 A보다 달리기를 잘한다.

48.

D는 B보다 달리기를 잘한다.

① 참
② 거짓
③ 알 수 없음

49.

수영을 가장 잘하는 사람은 C이다.

① 참
② 거짓
③ 알 수 없음

50. 다음의 내용을 논리적으로 추론했을 때 〈결론〉에 해당하는 내용이 맞으면 '참', 틀리면 '거짓', 참인지 거짓인지 알 수 없으면 '알 수 없음'을 고르면?

> • 모든 고등학생은 학교에 다닌다.
> • 민수는 고등학생이 아니다.

> **〈결론〉**
> 그러므로 민수는 학교에 다니지 않는다.

① 참

② 거짓

③ 알 수 없음

〉〉 판단력(20문항/12분)

51. 다음 글에서 사용된 서술 기법이 아닌 것은?

> 아리랑이란 민요는 지방에 따라 여러 가지가 있는데, 지금까지 발굴된 것은 약 30종 가까이 된다. 그중 대표적인 것으로는 서울의 본조 아리랑을 비롯하여 강원도 아리랑, 정선 아리랑, 밀양 아리랑, 진도 아리랑, 해주 아리랑, 원산 아리랑 등을 들 수 있다. 거의 각 도마다 대표적인 아리랑이 있으나 평안도와 제주도가 없을 뿐인데, 그것은 발굴하지 못했기 때문이고, 최근에는 울릉도 아리랑까지 발견하였을 정도이니 실제로 더 있었던 것으로 보인다.
>
> 그런데 이들 민요는 가락과 가사의 차이는 물론 후렴의 차이까지 있는데, 그중 정선 아리랑이 느리고 구성진 데 비해, 밀양 아리랑은 흥겹고 힘차며, 진도 아리랑은 서글프면서도 해학적인 멋이 있다. 서울 아리랑은 이들의 공통점이 응집되어 구성지거나 서글프지 않으며, 또한 흥겹지도 않은 중간적인 은근한 느낌을 주는 것이 특징이다. 그러므로 서울 아리랑은 그 형성 시기도 지방의 어느 것보다도 늦게 이루어진 것으로 짐작된다.

① 대상을 분류하여 설명한다.

② 대상의 특성을 파악하여 비교 설명한다.

③ 대상의 개념을 명확하게 정의한다.

④ 구체적인 예시를 통해서 설명한다.

52. 다음 글의 제목으로 가장 적절한 것은?

우리는 비극을 즐긴다. 비극적인 희곡과 소설을 즐기고, 비극적인 그림과 영화 그리고 비극적인 음악과 유행가도 즐긴다. 슬픔, 애절, 우수의 심연에 빠질 것을 알면서도 소포클레스의 '안티고네', 셰익스피어의 '햄릿'을 찾고, 베토벤의 '운명', 차이코프스키의 '비창', 피카소의 '우는 연인'을 즐긴다. 아니면 텔레비전의 멜로드라마를 보고 값싼 눈물이라도 흘린다. 이를 동정과 측은과 충격에 의한 '카타르시스', 즉 마음의 세척으로 설명한 아리스토텔레스의 주장은 유명하다. 그것은 마치 눈물로 스스로의 불안, 고민, 고통을 씻어내는 역할을 한다는 것이다.

니체는 좀 더 심각한 견해를 갖는다. 그는 "비극은 언제나 삶에 아주 긴요한 기능을 가지고 있다. 비극은 사람들에게 그들을 싸고도는 생명 파멸의 비운을 똑바로 인식해야 할 부담을 덜어주고, 동시에 비극 자체의 암울하고 음침한 원류에서 벗어나게 해서 그들의 삶의 흥취를 다시 돋우어 준다."라고 하였다. 그런 비운을 직접 전면적으로 목격하는 일, 또 더구나 스스로 직접 그것을 겪는 일이라는 것은 너무나 끔찍한 일이기에, 그것을 간접경험으로 희석한 비극을 봄으로써 '비운'이란 그런 것이라는 이해와 측은지심을 갖게 되고, 동시에 실제 비극이 아닌 그 가상적인 환영(幻影) 속에서 비극에 대한 어떤 안도감도 맛보게 된다.

① 비극의 현대적 의의　　② 비극을 즐기는 이유
③ 비극의 기원과 역사　　④ 비극에 반영된 삶

53. 다음 글의 서술 방식에 대한 설명으로 적절한 것은?

인가가 끝난 비탈 저 아래에 가로질러 흐르는 개천물이 눈이 부시게 빛나고, 그 제방을 따라 개나리가 샛노랗다. 개천 건너로 질펀하게 펼쳐져 있는 들판, 양털같이 부드러운 마른 풀에 덮여 있는 그 들 한복판에 괴물 모양 기다랗게 누워있는 회색 건물. 지붕 위로 굴뚝이 높다랗게 솟아 있고, 굴뚝 끝에서 노란 연기가 피어오르고 있다. 햇살에 비끼서 디오르는 불길 모양 너울거리곤 하는 연기는 마치 마술을 부리듯 소리 없이 사방으로 번져 건물 전체를 뒤덮고, 점점 더 부풀어, 들을 메우며 제방의 개나리와 엉기고 말았다.

① 단어의 의미를 풀어서 밝히고 있다.
② 근거를 제시하여 주장을 정당화하고 있다.
③ 시간적 순서를 뒤바꾸어 사건을 서술하고 있다.
④ 사물을 그림을 그리듯이 표현하고 있다.

54. 다음 글에 나타난 인간의 행동 양식과 거리가 가장 먼 것은?

우리는 무엇이 옳은가를 결정하기 위해 다른 사람들이 옳다고 생각하는 것이 무엇인지를 알아보기도 한다. 이것을 '사회적 증거의 법칙'이라고 한다. 이 법칙에 따르면 주어진 상황에서 어떤 행동이 옳고 그른가는 얼마나 많은 사람들이 같은 행동을 하느냐에 의해 결정된다고 한다.

다른 사람들이 하는 대로 행동하는 경향은 여러 모로 매우 유용하다. 일반적으로 다른 사람들이 하는 대로 행동하게 되면, 즉 사회적 증거에 따라 행동하면, 실수할 확률이 그만큼 줄어든다. 왜냐하면 다수의 행동이 올바르다고 인정되는 경우가 많기 때문이다. 그러나 이러한 사회적 증거의 특성은 장점인 동시에 약점이 될 수도 있다. 이런 태도는 우리가 주어진 상황에서 어떻게 행동해야 할 것인가를 결정하는 지름길로 사용될 수 있지만, 맹목적으로 이를 따르게 되면 그 지름길에 숨어서 기다리고 있는 불로소득자들에 의해 이용당할 수도 있기 때문이다.

① 영희는 고속도로에서 주변의 차들과 같은 속도로 달리다가 속도위반으로 범칙금을 냈다.
② 철수는 검색 우선순위에 따라 인터넷 뉴스를 본다.
③ 순이는 발품을 팔아 값이 가장 싼 곳에서 물건을 산다.
④ 명수는 여행을 가서 밥을 먹을 때 구석진 곳이라도 주차장에 차가 가장 많은 식당에서 밥을 먹는다.

55. 다음 글을 내용상 두 부분으로 나눌 때 어느 지점부터 나누는 것이 가장 적절한가?

우리나라는 전통적으로 농경 생활을 해 왔다. 이런 이유로 우리나라에서 소는 경작을 위한 중요한 필수품이지 식용 동물로 생각할 수가 없었으며, 단백질 섭취 수단으로 동네에 돌아다니는 개가 선택되었다. ㉠프랑스 등 유럽의 여러 나라에서도 우리처럼 농경 생활을 했음에 틀림없지만 그들은 오랜 기간 수렵을 했기 때문에 개가 우리의 소처럼 중요한 동물이 되었고 당연히 수렵한 결과인 소 등을 통해 단백질을 섭취했다. ㉡일반적으로 개고기를 먹는 데 혐오감을 나타내는 민족들은 서유럽의 나라이다. 그들은 쇠고기와 돼지고기를 즐겨먹는다. ㉢그러나 식생활 문화를 달리하는 힌두교도들은 쇠고기를 먹는 서유럽 사람들에게 혐오감을 느낄 것이다. ㉣또 이슬람교도나 유대교도들도 서유럽에서 돼지고기를 먹는 식생활에 대해 거부감을 느낄 것이다.

① ㉠　　　　　　　　② ㉡
③ ㉢　　　　　　　　④ ㉣

56. 다음 글의 전제로 가장 적절한 것은?

말로 표현되지 않으면 우리의 생각은 꼴 없이 불분명한 덩어리에 지나지 않는다. 기호의 도움 없이는 우리가 두 생각을 똑똑히 그리고 한결같이 구별하지 못하리란 것은 철학자나 언어학자나 다 같이 인정하는 바이다. 언어가 나타나기 전에는 미리 형성된 관념이 존재할 수 없으며 어떤 생각도 분명해질 수 없다.

① 인간은 언어 사용 이전에도 개념을 구분할 수 있다.

② 언어학자들은 언어를 통해 사고를 분석한다.

③ 말과 생각은 일정한 관련이 있다.

④ 생각은 말로 표현되어야 한다.

57. 다음 기사에 나타난 통계를 통해 추론할 수 없는 것은?

일본에서 나이가 들어서도 부모 곁을 떠나지 않고 붙어사는 '캥거루족'이 증가하고 있는 것으로 나타났다. 일본 국립 사회보장인구문제연구소가 2004년 전국 1만 711가구를 대상으로 조사해 21일 발표한 가구 동태 조사를 보면, 가구당 인구수는 평균 2.8명으로 최저치를 기록했다. 2인 가구는 28.7%로 5년 전 조사 때보다 조금 증가한 반면, 4인 가구는 18.1%로 조금 줄었다.

부모와 함께 사는 자녀의 비율은 크게 증가했다. 30~34살 남성의 45.4%가 부모와 동거하는 것으로 나타났다. 같은 연령층 여성의 부모 동거 비율은 33.1%였다. 5년 전에 비해 남성은 6.4%, 여성은 10.2% 증가한 수치다. 25~29살 남성의 부모 동거 비율은 64%, 여성은 56.1%로 조사됐다. 부모를 모시고 사는 기혼자들도 있지만, 상당수는 독신으로 부모로부터 주거와 가사 지원을 받는 캥거루족으로 추정된다.

① 25~34살의 남성 중 대략 반 정도가 부모와 동거한다.

② 현대사회에서 남녀를 막론하고 만혼 현상이 널리 퍼져 있다.

③ 30~34살의 경우 부모 동거비율은 5년 전에도 여성이 남성보다 높지 않았다.

④ '캥거루족'이 늘어난 것은 젊은이들이 직장을 구하기가 점점 어려워지고 있기 때문이다.

58. 다음 글의 요지로 가장 적절한 것은?

신문이 진실을 보도해야 한다는 것은 새삼스러운 설명이 필요 없는 당연한 이야기이다. 정확한 보도를 하기 위해서는 문제를 전체적으로 보아야 하고, 역사적으로 새로운 가치의 편에서 봐야 하며, 무엇이 근거이고, 무엇이 조건인가를 명확히 해야 한다. 그런데 이러한 준칙을 강조하는 것은 기자들의 기사 작성 기술이 미숙하기 때문이 아니라, 이해 관계에 따라 특정 보도의 내용이 달라지기 때문이다. 자신들에게 유리하도록 기사가 보도되게 하려는 외부 세력이 있으므로 진실 보도는 일반적으로 수난의 길을 걷게 마련이다. 신문은 스스로 자신들의 임무가 '사실 보도'라고 말한다. 그 임무를 다하기 위해 신문은 자신들의 이해 관계에 따라 진실을 왜곡하려는 권력과 이익 집단, 그 구속과 억압의 논리로부터 자유로워야 한다.

① 진실 보도를 위하여 구속과 억압의 논리로부터 자유로워야 한다.

② 자신들에게 유리하도록 기사가 보도되게 하는 외부 세력이 있다.

③ 신문의 임무는 '사실 보도'이나, 진실 보도는 수난의 길을 걷는다.

④ 정확한 보도를 하기 위하여 전체적 시각을 가져야 한다.

59. 다음 문장들을 논리적 순서로 배열할 때 가장 적절한 것은?

㉠ 이는 말레이 민족 위주의 우월적 민족주의 경향이 생기면서 문화적 다원성을 확보하는 데 뒤쳐진 경험을 갖고 있는 말레이시아의 경우와 대비되기도 한다.

㉡ 지금과 같은 세계화 시대에 다원주의적 문화 정체성은 반드시 필요한 것이기 때문에 이러한 점은 긍정적이다.

㉢ 영어 공용화 국가의 상황을 긍정적 측면에서 본다면, 영어 공용화 실시는 인종 중심적 문화로부터 탈피하여 다원주의적 문화 정체성을 수립하는 계기가 될 수 있다.

㉣ 그러나 영어 공용화 국가는 모두 다민족 다언어 국가이기 때문에 한국과 같은 단일 민족 단일 모국어 국가와는 처한 환경이 많이 다르다.

㉤ 특히, 싱가포르인들은 영어를 통해 국가적 통합을 이룰 뿐만 아니라 다양한 민족어를 수용함으로써 문화적 다원성을 일찍부터 체득할 수 있는 기회를 얻고 있다.

① ㉢㉤㉣㉠㉡

② ㉢㉡㉠㉤㉣

③ ㉢㉤㉡㉣㉠

④ ㉢㉡㉤㉠㉣

60. 다음 글의 밑줄 친 단어와 같은 의미로 사용된 것은?

> 과학사(科學史)를 살펴면, 과학이 가치중립적이란 <u>신화</u>는 무너지고 만다. 어느 시대가 낳은 과학이론은 과학자의 인생관, 자연관은 물론 당대의 시대사조나 사회·경제·문화적 제반 요소들이 상당히 긴밀하게 상호작용한 총체적 산물로 드러나기 때문이다. 말하자면 어느 시대적 분위기가 무르익어 어떤 과학이론을 출현시키는가 하면, 그 배출된 이론이 다시 문화의 여러 영역에서 되먹임 되어 직접 또는 간접의 영향을 미친다는 얘기이다. 다윈의 진화론으로부터 사회적 다윈주의가 출현한 것은 그 가장 극적인 예이고, '엔트로피 법칙'이 현존 과학기술 문명에 깔린 발전 개념을 비판하고 새로운 세계관을 모색하는 틀이 되는 것도 그 같은 맥락이다.

① 기상천외한 그들의 행적은 하나의 신화로 남았다.
② 아시아의 몇몇 국가들은 짧은 기간 동안 고도성장의 신화를 이룩하였다.
③ 월드컵 4강 신화를 떠올려 본다면 국민 소득 2만 달러 시대도 불가능한 것은 아니다.
④ 미식축구 선수 하인즈워드의 인간 승리를 보면서 단일민족이라는 신화가 얼마나 많은 혼혈 한국인들을 소외시켜 왔는지 절실히 깨달았다.

61. 다음 글에 적합한 고사성어는?

> 우리 대표팀은 올림픽 예선에서 놀랄 만한 성과를 거두었다. 예선전이 있기 전 주전 선수들의 부상이 있었고 감독의 교체가 있었으며 그러다 보니 대표팀 내부의 심리적인 갈등도 꽤 있었다. 사실 국민 모두 이번 올림픽 예선은 탈락이라는 수모를 겪지 않으면 그나마 다행이라고 생각하고 있었던 것이다. 그러나 대표팀의 모든 코치진과 선수들은 그들에 대한 국민들의 희망을 저버리지 않고 위기를 기회로 전환한 것이다. 그래서인지 대표팀은 들뜨지 않고 본선에서의 진정한 승리, 즉 금메달을 향해 더욱 가열차게 땀방울을 흘리고 있다고 한다. 코치진도 더 강도 높은 훈련을 통해 경기력 향상을 위해 매진하고 있는 것이다.

① 走馬加鞭   ② 走馬看山
③ 切齒腐心   ④ 見蚊拔劍

62. 다음 글의 전개 순서로 가장 자연스러운 것은?

> ㉠ 이 세상에서 가장 결백하게 보이는 사람일망정 스스로나 남이 알아차리지 못하는 결함이 있을 수 있고, 이 세상에서 가장 못된 사람으로 낙인이 찍힌 사람일망정, 결백한 사람에서마저 찾지 못할 아름다운 인간성이 있을지도 모른다.
>
> ㉡ 소설만 그런 것이 아니다. 우리의 의식 속에는 은연중 이처럼 모든 사람을 좋은 사람과 나쁜 사람 두 갈래로 나누는 버릇이 도사리고 있다. 그래서인지 흔히 사건을 다루는 신문 보도에는 모든 사람이 '경찰' 아니면 도둑놈인 것으로 단정한다. 죄를 저지른 사람에 관한 보도를 보면 마치 그 사람이 죄의 화신이고, 그 사람의 이력이 죄만으로 점철되었고, 그 사람의 인격에 바른 사람으로서의 흔적이 하나도 없는 것으로 착각하게 된다.
>
> ㉢ 이처럼 우리는 부분만을 보고, 또 그것도 흔히 잘못 보고 전체를 판단한다. 부분만을 제시하면서도 보는 이가 그것이 전체라고 잘못 믿게 만들 뿐만이 아니라, '말했다'를 '으스댔다', '우겼다', '푸념했다', '넋두리했다', '뇌까렸다', '잡아뗐다', '말해서 빈축을 사고 있다' 같은 주관적 서술로 감정을 부추겨서, 상대방으로 하여금 이성적인 사실 판단이 아닌 감정적인 심리 반응으로 얘기를 들을 수밖에 없도록 만든다.
>
> ㉣ '춘향전'에서 이도령과 변학도는 아주 대조적인 사람들이었다. 흥부와 놀부가 대조적인 것도 물론이다. 한 사람은 하나부터 열까지가 다 좋고, 다른 사람은 모든 면에서 나쁘다. 적어도 이 이야기에 담긴 '권선징악'이라는 의도가 사람들을 그렇게 믿게 만든다.

① ㉠㉡㉢㉣   ② ㉣㉡㉢㉠
③ ㉠㉢㉣㉡   ④ ㉣㉢㉡㉠

63. 다음 글의 내용과 부합하지 않는 것은?

김정호는 조선 후기에 발달했던 군현지도, 방안지도, 목판지도, 칠첩식지도, 휴대용지도 등의 성과를 독자적으로 종합하고, 각각의 장점을 취하여 대동여지도를 만들었다. 대동여지도의 가장 뛰어난 점은 조선 후기에 발달했던 대축척지도의 두 계열, 즉 정상기의 동국지도 이후 민간에서 활발하게 전사되었던 전국지도·도별지도와 국가와 관아가 중심이 되어 제작했던 상세한 군현지도를 결합하여 군현지도 수준의 상세한 내용을 겸비한 일목요연한 대축척 전국지도를 만든 것이다.

대동여지도가 많은 사람에게 애호를 받았던 가장 큰 이유는 목판본 지도이기 때문에 일반에게 널리 보급될 수 있었으며, 개인적으로 소장, 휴대, 열람하기에 편리한 데에 있었다. 국가적 차원에서는 18세기에 상세한 지도가 만들어졌다. 그러나 그 지도는 일반인들은 볼 수도, 이용할 수도 없는 지도였다. 김정호는 정밀한 지도의 보급이라는 사회적 욕구와 변화를 인식하고 그것을 실현하였던 측면에서 더욱 빛을 발한다. 그러나 흔히 생각하듯이 아무런 기반이 없는 데에서 혼자의 독자적인 노력으로 대동여지도와 같은 훌륭한 지도를 만들었던 것은 아니다. 비변사와 규장각 등에 소장된 이전 시기에 작성된 수많은 지도들을 검토하고 종합한 결과인 것이다.

① 대동여지도는 일반 대중이 보기 쉽고 가지고 다니기 편하게 만들었다.

② 대동여지도가 만들어진 토대에는 이전 시기에 만들어진 갖가지 지도가 있었다.

③ 대동여지도는 목판본으로 만들어진 지도여서 다량으로 제작, 배포될 수 있었다.

④ 대동여지도는 정밀한 지도 제작이라는 국가 과제를 김정호가 충실히 수행해 만들었다.

64. 다음 글을 바탕으로 이해 혹은 유추한 것으로 적절하지 않은 것은?

한자는 시대마다 색과 향이 다른 문화를 꽃피우며 수천 년의 숙성을 거쳐 오늘에 이어지고 있다. 거북 뼈에 칼로 새겨 쓰던 원시글자는 'e-pen'의 시대에도 여전히 살아 숨쉬고 있는 것이다. 일찍이 백인문화의 우월성을 내세우며 '문자 발전의 최하위 단계에 속하는 감각문자'라고 한자를 깎아내린 것은 헤겔이었다. 그러나 이미지와 감성, 이미지와 텍스트의 조화가 강조되는 21세기에 한자의 매력은 더욱 도드라지고 있으니 이건 분명 문화사적 역전이 아닌가.

한자 하나하나의 내면에는 오랜 세월 중원과 한반도, 일본열도를 넘나든 수많은 사람들의 숨결이 배어 있다. 동양인들의 삶, 그 삶의 날줄과 씨줄의 획으로 엮어놓은 역사의 무늬가 새겨져 있다. 갑골문과 청동기 문자를 해독하며 그 속에 감추어진 동아시아 문화의 기원을 탐색해 온 저자는 한자를 깊이 읽어야 할 이유를 이리 설명한다.

"좋든 싫든 우리는 한자를 통해 빚어진 문화적 존재다. 한자는 동아시아 문화의 깊은 굴절 마디마디를 기억하고 있는 역사의 아이콘(이미지)이다. 거기에 귀를 기울여야 문화적 통찰과 새로운 지혜를 얻을 수 있다."

저자는 구석기 시대의 그림문자에서 갑골문, 금문, 전서, 예서, 초서, 행서, 해서 그리고 간자체에 이르기까지 한자 서체의 변화를 더듬으며 문자와 인간의 발자국을 함께 훑는다. 초서와 행서의 시대를 들여다보자. 거대한 한나라가 중앙집권의 고삐를 놓치면서 들이닥친 위진남북조는 '인디밴드' 같았던 도가가 한순간 주류로 올라선 시기였다. 유연한 시대의 바람을 타고 한나라의 예서는 미적 감성을 듬뿍 담은 글꼴로 변신한다. 정치적이기만 했던 한자의 글꼴이 비로소 예술적 감성의 세례를 받았으니 예서의 필획에 자유의 날개를 달아준 것은 왕희지였다.

그러나 한자의 글꼴은 송, 명대에 이르러 점차 생명을 잃어간다. 그리고 청 말기 혁명의 와중에 최대의 시련을 맞는다. 20세기 초 지식인들은 망국의 원흉으로 '유교의 그릇'인 한자를 지목했다. 너나없이 '한자불멸 중국필망(漢字不滅 中國必亡)!'을 외쳤다. 그러나 한자는 죽지 않았다. 우여곡절 끝에 중국인들은 깨달았다. '한자멸 중국역멸(漢字滅 中國亦滅)!'

이 모순의 현장에서 절충을 시도한 것이 마오쩌둥이다. 그는 한자의 몸 일부를 떼어내는 방법으로 한자의 생명을 연장시켰다. 오늘날의 간자체다. 한자는 뜨거운 풀무 속에서 다시 한 번 새로운 모습으로 벼려졌다. 영어가 판을 치는 세계의 한복판을 강물처럼 유유히 흐르고 있는 한자, 이 끈질긴 생명력은 어디서 오는 것일까?

그것은 상형의 힘이라고 한다. 그게 뭘까? 그림의 힘이다. 이미지의 힘이다. "이미지란 설명을 넘어서 직관에 던지는 강속구다. 말하자면 '오프라인의 모바일'이랄까." 바야흐로 한자는 아이콘과 텍스트가 합성된 새로운 의사소통 도구로 거듭나고 있는 것이다. 중국인들은 지금 그 한자를 바라보며 한자가 숨기고 있는 깊은 이미지의 바다 속으로 헤엄쳐 들어가고 있다.

① 시대의 변화에 따라 새롭게 조명받고 있는 한자의 상형성과 表意性에 대해 논하고 있다.

② 한글은 表音文字이지만 기본형을 유지하는 형태 위주의 표기법을 채택하고 있는데, 이는 表意文字인 한자와 상통하는 특성을 살린 표기법이다.

③ 한글은 表音文字이므로 이미지를 배제한 문자라고 할 수 있다.

④ 이미지와 텍스트의 혼합이라는 측면에서 보면 국한문의 혼용이 더 적절할 수 있다.

65. 안견에 대한 글쓴이의 평가로 가장 적절한 것은?

> 광묘(光廟)가 정난(靖難)할 무렵에 안평대군(安平大君)은 고귀한 공자(公子)로서 문장(文章)과 재화(才華)와 한묵(翰墨)으로 한때의 명류(名流)들과 두루 교유하였으므로, 누구도 그를 흠모하여 붙좇지 않은 이가 없었다. 안견 또한 기예로써 공자의 초대를 받았는데, 본디 필치가 뛰어났으므로, 공자가 특별히 그를 사랑하여 잠시도 공자의 문 안을 떠나지 못하게 하였다. 그러니 안견으로서는 시사(時事)의 위태로움을 알고서 스스로 소원(疏遠)해지고 싶었지만 그렇게 할 수가 없는 상황이었다.
>
> 그러다가 하루는 공자가 연시(燕市)에서 용매묵(龍媒墨)을 사다 놓고는 급히 안견을 불러 먹을 갈아서 그림을 그리게 하였는데, 마침 공자가 일어나 내당(內堂)에 들어갔다가 돌아와 보니 용매묵이 없어졌다. 공자가 노하여 시비(侍婢)를 꾸짖으니, 시비들이 스스로 변명을 하면서 안견을 의심하는 기색이 있었다. 그러자 안견이 일어나서 소매를 떨치며 스스로 변명을 하는 도중에 먹이 갑자기 안견의 품 안에서 떨어지니, 공자가 대번에 노하여 그를 꾸짖어 내쫓으며 다시는 그의 집에 얼씬도 못하게 하였다. 안견은 부끄러워 말도 못하고 달려 나와 집에 돌아와서는 꼼짝도 하지 않고 은복(隱伏)하여 자중하였는데, 마침내 이 일이 온 세상에 떠들썩하게 전파되었다. 그런데 이윽고 공자가 대죄(大罪)에 걸리자, 그의 문하에 출입하던 자들이 모두 연루되어 죽었으나, 안견만은 유독 이 일 때문에 화를 면하였으므로, 사람들이 그제야 비로소 그를 이상하게 여겼다.

① 덕을 품고서 더러운 행실을 삼갔다.

② 뜻을 굽히지 않는 대나무 같은 소신이 있다.

③ 세속을 초월하는 은일과 탈속의 기풍이 있다.

④ 세리(勢利)를 헤아려 화를 벗어나는 능력을 지녔다.

66. 다음 글의 내용과 일치하지 않는 것은?

> 인간 사유의 결정적이고도 독창적인 비약은 시각적인 표시의 코드 체계의 발명에 의해서 이루어졌다. 시각적인 표시의 코드 체계에 의해 인간은 정확한 말을 결정하여 텍스트를 마련하고, 또 이해할 수 있게 된 것이다. 이것이 바로 진정한 의미에서의 '쓰기(writing)'이다.
>
> 이러한 '쓰기'에 의해 코드화된 시각적인 표시는 말을 사로잡게 되고, 그 결과 그때까지 소리 속에서 발전해 온 정밀하고 복잡한 구조나 지시 체계의 특수한 복잡성이 그대로 시각적으로 기록될 수 있게 되고, 나아가서는 그러한 시각적인 기록으로 인해 그보다 훨씬 정교한 구조나 지시 체계가 산출될 수 있게 된다. 그러한 정교함은 구술적인 발화가 지니는 잠재력으로써는 도저히 이룩할 수 없는 정도의 것이다. 이렇듯 '쓰기'는 인간의 모든 기술적 발명 속에서도 가장 영향력이 큰 것이었으며, 지금도 그러하다. 쓰기는 말하기에 단순히 첨가된 것이 아니다. 왜냐하면 쓰기는 말하기를 구술 – 청각의 세계에서 새로운 감각의 세계, 즉 시각의 세계로 이동시킴으로써 말하기와 사고를 함께 변화시키기 때문이다.

① 인간은 시각적 코드 체계를 사용함으로써 말하기를 한층 정교한 구조로 만들었다.

② 인간은 쓰기를 통해서 정확한 말을 사용한 텍스트의 생산과 소통이 가능하게 되었다.

③ 인간은 쓰기를 통해 지시 체계의 복잡성을 기록함으로써 말하기와 사고의 변화를 일으켰다.

④ 인간은 시각적 코드 체계를 사용함으로써 비로소 정밀하고 복잡한 구조의 지시 체계를 마련할 수 있었다.

67. 다음 글의 내용과 가장 부합하는 것은?

> 독일에서 'Fräulein'은 원래 미혼 여성을 뜻하는 말이었는데 제2차 세계대전 이후 미군과 결혼한 여성을 가리키는 말이 되면서 부정적인 색채를 띠게 되었다. 그러자 미혼 여성들은 자신들을 'Frau'(영어의 'Mrs.'와 같나)로 불러달라고 공식적으로 요청하기 시작했다. 이런 요구를 하는 여성들이 갑자기 늘어나자 언론은 '부인으로 불러달라는 여자들이라니'라는 제목 아래 여자들이 별 희한한 요구를 다 한다는 식으로 보도했다. 'Fräulein'과 'Frau'는 한동안 함께 사용되다가 점차 'Frau'의 사용이 늘자 1984년에는 공문서상 미혼 여성도 'Frau'로 표기한다고 법으로 규정했다. 이유는 'Fräulein'이라는 말이 여성들의 의식이 달라진 이 시대에 뒤떨어졌다는 것이었다. 프랑스에서 'Mademoiselle'도 같은 운명을 겪고 있다.

① 언어는 자족적 체계이다.

② 언어는 사회적 가치를 반영한다.

③ 언어는 특정 언어공동체의 의사소통의 도구이다.

④ 언어는 의미와 형식의 결합으로 이루어진 기호의 일종이다.

68. 밑줄 친 부분에 들어갈 말로 가장 적절한 것은?

다분히 진화 생물학적 관점에서, 질병은 인간의 몸 안에서 일어나는 정교하고도 합리적인 자기 조절 과정이다. 질병은 정상적인 기능을 할 수 없는 상태임과 동시에, 진화의 역사 속에서 획득한 자기 치료 과정이 _____ 이기도 하다. 가령, 기침을 하고, 열이 나고, 통증을 느끼고, 염증이 생기는 것 따위는 자기 조절과 방어 시스템이 작동하는 과정인 것이다.

① 문제를 일으킨 상태
② 비일상적인 특이 상태
③ 정상적으로 가동하고 있는 상태
④ 인구의 개체 변이를 도모하는 상태

69. 다음 글의 전개 순서로 가장 자연스러운 것은?

(가) 아시아는 아시아대로 다르다. 중국 사람들은 @를 점잖게 쥐에다 노(老)자를 붙여 '라오수(小老鼠)' 또는 '라오수하오(老鼠號)'라 부른다. 일본은 쓰나미의 원조인 태풍의 나라답게 '나루토(소용돌이)'라고 한다. 혹은 늘 하는 버릇처럼 일본식 영어로 '앳 마크'라고도 한다.

(나) 더욱 이상한 것은 북유럽의 핀란드로 가면 '원숭이 꼬리'가 '고양이 꼬리'로 바뀌게 되고, 러시아로 가면 그것이 원숭이와는 앙숙인 '개'로 둔갑한다는 사실이다.

(다) 팔이 안으로 굽어서가 아니라 30여 개의 인터넷 사용국 중에서 @와 제일 가까운 이름은 우리나라의 골뱅이인 것 같다. 골뱅이의 윗 단면을 찍은 사진을 보여 주면 모양이나 크기까지 어느 나라 사람이든 무릎을 칠 것 같다.

(라) 프랑스와 이탈리아 사람들은 @를 '달팽이'라고 부른다. 역시 이 두 나라 사람들은 라틴계 문화의 뿌리도 같고, 디자인 강국답게 보는 눈도 비슷하다. 그런데 독일 사람들은 그것을 '원숭이 꼬리'라고 부른다. 그리고 동유럽 폴란드나 루마니아 사람들은 꼬리를 달지 않고 그냥 '작은 원숭이'라고 부른다.

(마) 아무리 봐도 달팽이나 원숭이 꼬리로는 보이지 않는다. 더구나 개나 쥐 모양과는 닮은 데라곤 없는데도 그들의 눈에는 그렇게 보이는 모양이니 문화란 참으로 신기한 것이다. 그러니 글로벌 스탠더드라는 것이 참으로 어렵고 황당하다는 생각이 든다.

① (가)→(다)→(라)→(나)→(마)
② (라)→(나)→(가)→(마)→(다)
③ (가)→(라)→(나)→(다)→(마)
④ (라)→(가)→(나)→(마)→(다)

70. 다음 글에서 논리 전개상 불필요한 문장은?

민담은 등장인물의 성격 발전에 대해서는 거의 중점을 두지 않는다. ㉠민담에서 과거 사건에 대한 정보는 대화나 추리를 통해서 드러난다. ㉡동물이든 인간이든 등장인물은 대체로 그들의 외적 행위를 통해서 그 성격이 뚜렷하게 드러난다. ㉢민담에서는 등장인물의 내적인 동기에 대해서는 전혀 관심을 기울이지 않는다. ㉣늑대는 크고 게걸스럽고 교활한 반면 아기 염소들은 작고 순진하며 잘 속는다. 말하자면 이들의 속성은 이미 정해져 있어서 민담의 등장인물은 현명함과 어리석음, 강함과 약함, 부와 가난 등 극단적으로 대조적인 양상을 보여 준다.

① ㉠
② ㉡
③ ㉢
④ ㉣

》》 응용수리력(20문항/12분)

71. A에서 B까지는 40km/h로 30분간 가고, B에서 C까지는 20km/h로 15분간 갔을 때, 총 이동거리는 얼마인가?

① 20km   ② 25km

③ 30km   ④ 35km

72. A가 등산을 하는데 올라갈 때는 시속 3km로 걷고, 내려올 때는 올라갈 때보다 4km 더 먼 길을 시속 4km로 걷는다. 올라갔다가 내려올 때 총 8시간이 걸렸다면, 올라갈 때 걸은 거리는 얼마인가?

① 8km   ② 10km

③ 12km   ④ 14km

73. 15cm의 초가 다 타는데 10분이 걸렸다면 30cm의 초가 다 타는데 거리는 시간은?

① 15분   ② 18분

③ 20분   ④ 25분

74. 어느 지도에서 $\frac{1}{2}$cm는 실제로는 5km가 된다고 할 때 지도상 $1\frac{3}{4}$cm는 실제로 얼마나 되는가?

① 12.5km   ② 15km

③ 17.5km   ④ 20km

75. 450페이지가 되는 소설책이 너무 재미있어서 휴가기간 5일 동안 하루도 빠지지 않고 매일 50페이지씩 읽었다. 휴가가 끝나면 나머지를 모두 읽으려고 한다. 휴가가 끝나면 모두 몇 페이지를 읽어야 하는가?

① 100페이지   ② 150페이지

③ 200페이지   ④ 250페이지

76. 동근이는 동료들과 함께 공원을 산책하였다. 공원에는 동일한 크기의 벤치가 몇 개 있다. 한 벤치에 5명씩 앉았더니 4명이 앉을 자리가 없어서 6명씩 앉았더니 남는 자리 없이 딱 맞았다. 동근이는 몇 명의 동료들과 함께 공원을 갔는가?

① 16명   ② 20명

③ 24명   ④ 30명

77. 30% 할인해서 팔던 벤치파카를 이월 상품 정리 기간에 할인된 가격의 20%를 추가로 할인해서 팔기로 하였다. 이 벤치파카는 원래 가격에서 얼마나 할인된 가격으로 판매하는 것인가?

① 34%   ② 44%

③ 56%   ④ 66%

78. A 주식의 가격은 B 주식의 가격의 2배이다. 민재가 두 주식을 각각 10주씩 구입 후 A 주식은 30%, B주식은 20% 올라 총 주식의 가격이 76,000원이 되었다. 오르기 전의 B 주식의 주당 가격은 얼마인가?

① 1,000원   ② 1,500원

③ 2,000원   ④ 3,000원

79. 올림이는 200만 원짜리 DSLR 카메라를 사기 위해 하루 6시간씩 아르바이트를 하였다. 아르바이트 시급이 5,000원일 때 올림이는 며칠 동안 아르바이트를 하여야 하는가?

① 61일   ② 63일

③ 65일   ④ 67일

80. 어떤 콘텐츠에 대한 네티즌 평가에서 3,000명이 참여한 A 사이트에서는 평균 평점이 8.0이었으며, 2,000명이 참여한 B 사이트의 평균 평점은 6.0이었다. 이 콘텐츠에 대한 두 사이트 전체의 참여자의 평균 평점은 얼마인가?

① 7.0   ② 7.2

③ 8.0   ④ 8.2

81. KT그룹 신입사원 채용시험 응시자가 500명이었다. 시험점수의 전체평균은 65점, 합격자 평균은 80점, 불합격자의 평균은 50점이었다. 합격한 사람의 수는?

① 100명
② 150명
③ 200명
④ 250명

82. KT 인적성검사에서 네 사람의 평균이 80점이다. 그 중 3명의 점수가 각각 70점, 80점, 90점일 때, 나머지 한 명의 점수는?

① 60점
② 70점
③ 80점
④ 90점

83. 10%의 소금물 200g과 20%의 소금물 300g을 섞었을 때 이 소금물의 농도는 얼마인가?

① 14%
② 16%
③ 18%
④ 20%

84. 농도 8%의 소금물 32g에 4%의 소금물을 몇 g 넣으면 5%의 소금물이 되겠는가?

① 30g
② 52g
③ 74g
④ 96g

85. 어떤 제품을 만들어서 하나를 팔면 이익이 5,000원 남고, 불량품을 만들게 되면 10,000원 손실을 입게 된다. 이 제품의 기댓값이 3,500원이라면 이 제품을 만드는 공장의 불량률은 몇 %인가?

① 4%
② 6%
③ 8%
④ 10%

86. 한 건물에 A, B, C 세 사람이 살고 있다. A는 B보다 12살이 많고, C의 나이의 2배보다 4살이 적다. 또한 B와 C는 동갑이라고 할 때 A의 나이는 얼마인가?

① 16살
② 20살
③ 24살
④ 28살

87. 스마트폰 X의 원가에 20%의 이익을 붙여서 정가를 책정하였다. 이벤트로 9만원을 할인해 팔아서 원가의 2%의 이익을 얻었다면 스마트폰 X의 원가는 얼마인가?

① 400,000원
② 450,000원
③ 500,000원
④ 550,000원

88. 경수가 달리기를 하는데 처음에는 초속 6m의 속력으로 뛰다가 반환점을 돈 후에는 분속 90m의 속력으로 걸어서 30분 동안 4.5km를 운동했다면 출발지에서 반환점까지의 거리는?

① 2,400m
② 3,000m
③ 3,600m
④ 4,000m

89. 짜장면이 4,000원, 짬뽕이 4,000원, 볶음밥이 6,000원, 탕수육이 10,000원인 중국집이 있다. 여기에서 서로 다른 음식 두 가지를 시킬 경우, 음식가격의 평균값은 얼마인가?

① 8,000원
② 10,000원
③ 12,000원
④ 14,000원

90. 기차가 시속 72km로 달리고 있다. 이 기차가 선로상의 한 지점을 통과할 때 15초가 걸린다면 기차의 길이는 얼마인가?

① 100m
② 200m
③ 300m
④ 400m

>> 단어연상력(20문항 / 10분)

▌91~110 ▌ 다음에 제시된 9개의 단어 중 관련된 3개의 단어를 통해 유추할 수 있는 것을 고르시오.

91.

젓가락, 카레, 계산기, 영국, 발리우드, 안경, 선인장, 초콜릿, 전구

① 태권도　　　　　　② 인도
③ 사막　　　　　　　④ 바다

92.

전화, 포스트잇, 편지, 계단, 생크림, 캘린더, 사탕, 집개, 다이어리

① 핸드폰　　　　　　② 달력
③ 메모　　　　　　　④ 일기

93.

어깨, 뿌리, 자동차, 기류, 공, 날개, 고기, 먼지, 하늘

① 비행기　　　　　　② 지하철
③ 버스　　　　　　　④ 병원

94.

계산기, 단풍, 키보드, 자동차, 연기, 고추잠자리, 영화, 플라스틱, 추수

① 극장　　　　　　　② 여름
③ 가을　　　　　　　④ 공장

95.

돌고래, 지우개, 흑연, 묘기, 왕, 육각형, 개미, 도마뱀, 동물원

① 숲　　　　　　　　② 벌꿀
③ 연필　　　　　　　④ 아쿠아리움

96.

흰머리수리, 사다리, 종이, 봄, 도널드, 거울, 바람, 가위, 50

① 나무　　　　　　　② 미국
③ 소방관　　　　　　④ 계절

97.

야채, 생선, 형광등, 군인, 모니터, 면회, 제복, 하얀 가운, 지우개

① 군대　　　　　　　② 병원
③ 학교　　　　　　　④ 시장

98.

의자, 달력, 손톱, 애국가, 친일파, 강풍, 자격증, 아세톤, 커피

① 파운데이션　　　　② 립스틱
③ 선크림　　　　　　④ 매니큐어

99.

렌즈, 실, 거울, 화장실, 세제, 골무, 돋보기, 재봉틀, 슬리퍼

① 목걸이　　　　　　② 안경
③ 신발장　　　　　　④ 바느질

100.

간식, 서랍, 축구, 평화, 떡, 세월, 겨울, 고추장, 이웃

① 계절   ② 스포츠
③ 떡볶이   ④ 학교

101.

자동차, 축구공, 지휘봉, 물감, 나사, 사생대회, 이젤, 호루라기, 악보

① 음악   ② 체육
③ 미술   ④ 기술

102.

윤회, 할랄푸드, 열반, 종묘, 십자가, 코란, 모스크, 효, Bible

① 유교   ② 기독교
③ 불교   ④ 이슬람교

103.

공주, 마녀, 빗자루, 주전자, 탑, 창문, 종, 손가락, 머리카락

① 청소   ② 컵
③ 라푼젤   ④ 제비

104.

평화, 시간, 노르웨이, 전구, 채식, 밥 딜런, 웹사이트, 플라스틱, 공간

① 아침   ② 김대중
③ 지구   ④ 맨부커상

105.

생각, 자동차, 진실, 연말, 특약, 공기, 위로, 건강, 소리

① 정치   ② 병원
③ 사회   ④ 보험

106.

달력, 카페인, 바늘, 하트, 순환, 시계, 얼음, 피, 감기

① 일기   ② 심장
③ 주사   ④ 커피

107.

무지개, 가을, 복사기, 하늘, 별자리, 졸업, 출발, 택시, 달력

① 페가수스   ② UFO
③ 한자   ④ 겨울

108.

운동화, 식품, 기록, 자연, 미생물, 구토, 염색, 컬러, 건물

① 도서관   ② 식중독
③ 학교   ④ 디저트

109.

비둘기, 열정, 여름, 곤충, 산책, 바다, 나무, 감기, 수박

① 매미   ② 열대야
③ 딸기   ④ 돗자리

110.

| 게임, 고양이, 마이크, 회식, 모자, 컴퓨터, 소주, 화분, 스피커 |

① 골프장   ② 사무실
③ 옥탑방   ④ 노래방

≫ **직무해결력**(20문항 / 18분)

111. 다음은 항공위험물 중 일부 위험성이 적은 위험물에 대해서 소량에 한하여 여행객이 휴대 또는 위탁수하물로 운반할 수 있도록 예외적으로 허용하고 있는 사항에 대한 안내문이다. 다음 중 위탁수하물로 운반할 수 없는 것은?

■ 소비재

물품 또는 물건	위탁 수하물	기내 휴대	몸에 소지
• 리튬배터리가 장착된 전자장비(카메라, 휴대전화, 노트북 등) – 리튬메탈배터리 : 리튬 함량 2그램 이하 – 리튬이온배터리 : 100와트시(Wh) 이하	○	○	○
• 전자담배 – 리튬메탈배터리 : 리튬 함량 2그램 이하 – 리튬이온배터리 : 100와트시(Wh) 이하	×	○	○
• 드라이아이스 – 1인당 2.5kg까지 – 상하기 쉬운 물품을 포장·운송하기 위해서 사용되는 것에 한함	○	○	×
• 스포츠용 또는 가정용 에어로졸 – 개당 0.5리터 이하(총 4캔까지 허용)	○	×	×
• 소형라이터 – 1인당 1개	×	×	○

■ 의료용품

물품 또는 물건	위탁 수하물	기내 휴대	몸에 소지
• 의료용 산소 실린더 또는 공기 실린더 – 실린더 당 총 질량이 5kg 이하 ※ 항공사 승인 필요	○	○	○
액체산소가 들어있는 장치	×	×	×
• 리튬배터리가 장착된 휴대용 의료 전자장비 – 리튬메탈배터리 : 리튬 함량 2그램 이하 – 리튬이온배터리 : 100와트시(Wh) 이하	○	○	○
• 전동 휠체어 등 이동보조장비(습식 배터리) ※ 항공사 승인 필요	○	×	×
• 휴대용 의료전자장비용 여분(보조) 배터리 – 리튬메탈배터리 : 리튬 함량 2그램 이하 – 리튬이온배터리 : 100와트시(Wh) 이하	×	○	○

① 100와트시(Wh) 이하 리튬이온배터리 전자담배

② 개당 0.5리터 이하의 스포츠용 에어로졸 2캔

③ 냉동식품을 포장·운송하기 위해 사용된 드라이아이스 2kg

④ 항공사 승인을 받은 실린더 당 총 질량이 5kg 이하인 의료인 공기 실린더

112. 다음은 □□전자의 스마트폰 사용에 관한 조사 설계의 일부분이다. 본 설문조사의 목적으로 가장 적합하지 않은 것은?

---

1. 조사 목적

[   ]

2. 과업 범위

① 조사 대상 : 서울과 수도권에 거주하고 있으며 최근 5년 이내에 스마트폰 변경 이력이 있고, 향후 1년 이내에 스마트폰 변경 의향이 있는 만 20~30세의 성인 남녀

② 조사 방법 : 구조화된 질문지를 이용한 온라인 조사

③ 표본 규모 : 총 1,000명

3. 조사 내용

① 시장 환경 파악 : 스마트폰 시장 동향 (사용기기 브랜드 및 가격, 기기사용 기간 등)

② 과거 스마트폰 변경 현황 파악 : 변경 횟수, 변경 사유 등

③ 향후 스마트폰 변경 잠재 수요 파악 : 변경 사유, 선호 브랜드, 변경 예산 등

④ 스마트폰 구매자를 위한 개선 사항 파악 : 스마트폰 구매자를 위한 요금할인, 사은품 제공 등 개선 사항 적용 시 스마트폰 변경 의향

⑤ 배경정보 파악 : 인구사회학적 특성 (연령, 성별, 거주 지역 등)

4. 결론 및 기대효과

---

① 스마트폰 구매자를 위한 요금할인 프로모션 시행의 근거 마련

② 평균 스마트폰 기기사용 기간 및 주요 변경 사유 파악

③ 광고 매체 선정에 참고할 자료 구축

④ 스마트폰 구매 시 사은품 제공 유무가 구입 결정에 미치는 영향 파악

113. 100명의 근로자를 고용하고 있는 ○○기관 인사팀에 근무하는 S는 고용노동법에 따라 기간제 근로자를 채용하였다. 제시된 법령의 내용을 참고할 때, 기간제 근로자로 볼 수 없는 경우는?

제10조

① 이 법은 상시 5인 이상의 근로자를 사용하는 모든 사업 또는 사업장에 적용한다. 다만 동거의 친족만을 사용하는 사업 또는 사업장과 가사사용인에 대하여는 적용하지 아니한다.

② 국가 및 지방자치단체의 기관에 대하여는 상시 사용하는 근로자의 수에 관계없이 이 법을 적용한다.

제11조

① 사용자는 2년을 초과하지 아니하는 범위 안에서(기간제 근로계약의 반복갱신 등의 경우에는 계속 근로한 총 기간이 2년을 초과하지 아니하는 범위 안에서) 기간제 근로자※를 사용할 수 있다. 다만 다음 각 호의 어느 하나에 해당하는 경우에는 2년을 초과하여 기간제 근로자로 사용할 수 있다.

  1. 사업의 완료 또는 특정한 업무의 완성에 필요한 기간을 정한 경우

  2. 휴직·파견 등으로 결원이 발생하여 당해 근로자가 복귀할 때까지 그 업무를 대신할 필요가 있는 경우

  3. 전문적 지식·기술의 활용이 필요한 경우와 박사 학위를 소지하고 해당 분야에 종사하는 경우

② 사용자가 제1항 단서의 사유가 없거나 소멸되었음에도 불구하고 2년을 초과하여 기간제 근로자로 사용하는 경우에는 그 기간제 근로자는 기간의 정함이 없는 근로계약을 체결한 근로자로 본다.

※ 기간제 근로자라 함은 기간의 정함이 있는 근로계약을 체결한 근로자를 말한다

---

① 수습기간 3개월을 포함하여 1년 6개월간 A를 고용하기로 근로계약을 체결한 경우

② 근로자 E의 휴직으로 결원이 발생하여 2년간 B를 계약직으로 고용하였는데, E의 복직 후에도 B가 계속해서 현재 3년 이상 근무하고 있는 경우

③ 사업 관련 분야 박사학위를 취득한 C를 계약직(기간제) 연구원으로 고용하여 C가 현재 3년간 근무하고 있는 경우

④ 국가로부터 도급받은 3년간의 건설공사를 완성하기 위해 D를 그 기간 동안 고용하기로 근로계약을 체결한 경우

▌114~115▐ A유통회사 기획팀에 근무하는 甲은 부서 주간회의에 참석하여 회의록을 정리하였다. 다음 회의록을 바탕으로 물음에 답하시오.

일시	2018년 2월 20일(화) 오후 1시~3시	
장소	B동 제1회의실	작성자	사원 甲
참석	기획팀 팀장 戊, 차장 丁, 대리 丙, 대리 乙, 사원 甲	

내용	협력부서 및 기한
1. 경쟁업체 '△△아웃렛' 오픈 건 • 자사 동일상권 내 경쟁업체 매장 오픈(3/15)으로 인한 매출 영향력을 최소화하기 위한 경영전략 수립 필요 • 경쟁사 판매 전략 및 입점 브랜드 분석(자사와 비교)	
• 총 3주에 걸쳐 추가 매장 프로모션 기획 – △△사 오픈 1주 전, 오픈 주, 오픈 1주 후 – 주요 할인 브랜드 및 품목 할인율 체크	영업팀 (다음달 1일)
• 미디어 대응 전략 수립 : 대응 창구 및 메시지	홍보팀(2/28)
• 광고 전략 수립 : 옥외광고 및 온라인광고 추가 진행	마케팅팀(2/23)
2. 봄맞이 프로모션 건 • 3월 한 달 간 '봄맞이' 특별 프로모션 기간 지정 – 주요 할인 브랜드 및 할인율 체크	영업팀(2/23)
• 3·1절 고객 참여 현장 이벤트 기획	경영지원팀 (2/27)
3. 윤리경영 캠페인 • 협력사를 비롯해 전사적 참여 독려 • 윤리경영 조직 별도 구성 : 임직원, 협업업체 담당자 • 주요 활동 : 청렴거래 협약서 작성, 정도경영 실천교육, 정기적 윤리경영 평가 등	총무팀 (다음달 1일)
4. 10주년 이벤트 경품 선호도 조사 건 • 회사 창립 10주년(3/2) 기념 사내 이벤트 경품 선호도 조사 • 조사 대상 : 전 직원 • 조사 방법 : 인트라넷을 통한 설문조사(2/22~2/23)	경영지원팀 (2/26)
비고	• 차주부터 부서 주간회의 시간 변경 : 매주 월요일 오전 10시 • 1/4분기 매출 보고 회의 : 5월 1일(시간미정) • 지난달 실시한 포인트 제도 변경 관련 유관 매출 분석 보고(익월 1일) 지시

114. 다음은 甲이 작성한 회의록을 검토한 丙이 지시한 내용이다. 지시한 내용에 따라 甲이 회의 안건으로 정리한 내용으로 옳지 않은 것은?

> 甲씨, 회의록을 작성할 때에는 해당 회의에서 어떠한 주제로 이야기를 나누고 회의를 진행했는지 이해하기 쉽도록 회의 안건을 정리하는 것이 좋습니다. 회의록 양식 중 '내용' 부분이 나오기 전 '회의 안건'을 추가하여 다시 정리해 주세요.

① 윤리경영 시스템 구축
② 다음 달 주요 프로모션 기획
③ 1/4분기 매출 보고 지시
④ 경쟁업체 오픈에 따른 대응 전략

115. 丙의 지시에 따라 회의록을 수정한 甲은 회의에서 나온 안건을 협력부서와 함께 협의하고자 메일을 보내려고 한다. 다음 중 甲이 잘못 작성한 것은?

일시	2018. 02. 21. 17 : 03
수신	① 홍보팀
참조	기획팀
발신	기획팀 사원 甲
제목	② 10주년 이벤트 경품 선호도 조사 건 협력 요청

안녕하세요, 기획팀 사원 甲입니다.
내달 2일 있을 회사 창립 10주년 기념 사내 이벤트 경품 선호도 조사를 실시하고자 합니다. ③ 전 직원을 대상으로 인트라넷을 통해 설문조사를 실시할 예정으로 2/22~2/23 양일간 실시됩니다. 설문조사 결과를 정리하여 ④ 2월 26일까지 회신 주시기 바랍니다. 자세한 내용은 첨부 파일을 확인 부탁드립니다.
감사합니다.

116. 다음 글을 읽고 이 글에서 설명하고 있는 '사전조치'의 개념과 다른 내용은?

> 개인이나 사회는 장기적으로 최선인 일을 의지박약, 감정, 충동, 고질적 습관, 중독 그리고 단기적 이익추구 등의 이유로 인해 수행하지 못하는 경우가 많다. 예컨대 많은 사람들이 지금 담배를 끊는 것이 자신의 건강을 위해서 장기적으로 최선이라고 판단함에도 불구하고 막상 담배를 피울 수 있는 기회에 접하게 되면 의지박약으로 인해 담배를 피우는 경우가 많다. 이런 경우 개인이나 사회는 더 합리적으로 행동하기 위해서 행위자가 가질 수 있는 객관적인 기회를 제한하거나 선택지를 줄임으로써 의지박약이나 충동 또는 단기적 이익 등에 따라 행동하는 것을 방지할 수 있다. 이런 조치를 '사전조치'라 한다.

① 알코올 중독자가 금주를 목적으로 인근 수십 킬로미터 안에 술을 파는 곳이 없는 깊은 산속으로 이사를 하였다.

② 술에 취할 때마다 헤어진 애인에게 전화를 하는 남학생이 더 이상 그녀에게 전화를 하지 않기 위해 자신의 핸드폰 번호를 변경하였다.

③ 가정 내에서 TV를 통한 미성년자의 등급 외 상영물 시청을 제한하기 위해 TV에 성인물 시청 시 비밀번호를 입력하도록 하는 장치를 설치하였다.

④ 군것질 버릇이 있는 영화배우가 최근 캐스팅된 영화 촬영을 앞두고 몸 관리를 위해 매니저에게 자신의 숙소에 있는 모든 군것질 거리를 치우도록 하였다.

117. 어느 날 팀장이 다음 자료를 보여주면서 "올해 렌터카 회사와 계약을 하는데, 그 쪽에서 요금표를 보내 주었다."며 "6개월을 사용하면 어떻게 되는지 자네가 검토해서 퇴근 전에 구두로 보고해 달라."고 하신다. 귀하가 팀장에게 보고할 내용으로 가장 적합한 것은 무엇인가?

요금제	기본요금	추가요금
A	1개월 150,000원	초과 1개월당 100,000원
B	3개월 170,000원	초과 1개월당 200,000원

① 암산으로 계산해 보니 A요금은 600,000원, B요금은 800,000원이 나옵니다.

② 이면지에 계산해 보니 A요금이나 B요금이나 6개월 사용하면 똑같습니다.

③ 요금제를 검토해 보니 A요금이 B요금보다 저렴해서 A요금제를 추천합니다.

④ 박 대리한테 물어보니 A요금이나 B요금이나 비슷하다고 합니다.

118. 귀하는 정기간행물을 발간하는 중소기업에서 편집디자이너로 일하고 있다. 걸핏하면 "이건 당신의 책임 아니냐."고 질책하는 팀장으로 인해 스트레스가 쌓인 귀하는 어느 날 편집디자이너의 작업명세서라는 것을 뒤져 보았더니 다음과 같은 책임이 있는 것으로 나왔다. 용기를 얻은 귀하는 자료를 근거로 팀장에게 소명하려고 하는데, 다음 중 귀하가 할 주장으로 가장 적절한 것은?

> **직무 수행에 있어서의 책임과 한계**
>
> 1. 컴퓨터 및 주변기기를 항상 최적의 상태로 유지관리하고, 소프트웨어의 오류에 의한 간단한 기기 고장은 보수하여야 한다.
> 2. 자재 및 소모품에 관한 관리를 철저히 하여 원가절감을 기하고, 제품의 불량이 발생할 경우 불량 원인을 분석하여 재발방지를 위한 대책을 세워야 한다.
> 3. 인쇄 공정 별 책임자의 작업 지시에 따라 수행하는 작업내용과 진행상황을 서류나 구두로 보고하고, 인쇄원고의 보관 관리는 물론 기밀유지의 책임이 있다.
> 4. 컴퓨터, 주변기기, 각종 공구 등을 사용할 때 부주의로 인한 안전사고가 일어나지 않도록 각자가 조심하여야 하고, 공정 진행상의 주의 소홀로 야기되는 공정 지연 등이 되지 않도록 노력하여야 한다.
> 5. 오탈자에 대한 최종 교정책임을 진다.
> 6. 사진이 잘못 게재된 것에 대한 책임을 진다.

① 보세요. 초상권을 침해한 것은 사진사 잘못이지, 그게 왜 제 책임입니까?

② 보세요. 글 쓴 사람이 오탈자를 잡아야지, 제가 그런 것까지 할 여유가 어디 있습니까?

③ 보세요. 인쇄소로 넘겼으면 끝난 거지. 왜 제가 작업 진행까지 파악해야 합니까?

④ 보세요. 컴퓨터가 파손되었다고 저한테 말씀하시면 너무한 것 아닙니까?

119. 다음 서식을 보고 ⊙과 ⓒ에 들어갈 내용을 바르게 짝지은 것은?

거래명세표

견적명	컴퓨터 / 주변기기 납품	공급자	등록번호	123 - 45 - 67890	
견적일자	2018년 8월 1일		상호	㈜서원각	성명 다파라
㈜WK엔터테인먼트 (귀하)			주소	경기 고양시 일산서구 가좌동 123	
			(⊙)	도매 및 소매업	
아래와 같이 견적합니다.			업종	컴퓨터 및 주변장치, 소프트웨어 도매업	

공급가액 합계		일금 육백십이만원정(₩6,120,000)			
품명	규격	수량	단가	공급가액	비고
모니터	A형	5	360,000	1,800,000	
본체	B형	5	(ⓒ)	2,600,000	
프린터	C형	2	360,000	720,000	
주변기기	D형	5	200,000	1,000,000	
합계		17	1,440,000	6,120,000	

특기사항

1. 부가세 포함
2. 계약금 10%
3. 본 견적서는 견적일부터 30일간 유효합니다.

① ⊙ 종목, ⓒ 280,000

② ⊙ 사업, ⓒ 320,000

③ ⊙ 업체, ⓒ 450,000

④ ⊙ 업태, ⓒ 520,000

120. 다음은 유인입국심사에 대한 설명이다. 옳지 않은 것은?

◈ 유인입국심사 안내
- 입국심사는 국경에서 허가받는 행위로 내외국인 분리심사를 원칙으로 하고 있습니다.
- 외국인(등록외국인 제외)은 입국신고서를 작성하여야 하며, 등록대상인 외국인은 입국일로부터 90일 이내 관할 출입국관리사무소에 외국인 등록을 하여야 합니다.
- 단체사증을 소지한 중국 단체여행객은 입국신고서를 작성하지 않으셔도 됩니다. (청소년 수학여행객은 제외)
- 대한민국 여권을 위·변조하여 입국을 시도하는 외국인이 급증하고 있으므로 다소 불편하시더라도 입국심사관의 얼굴 대조, 질문 등에 적극 협조하여 주시기 바랍니다.
- 외국인 사증(비자) 관련 사항은 법무부 출입국 관리국으로 문의하시기 바랍니다.

◈ 입국신고서 제출 생략

내국인과 90일 이상 장기체류 할 목적으로 출입국사무소에 외국인 등록을 마친 외국인의 경우 입국신고서를 작성하실 필요가 없습니다.

◈ 심사절차

STEP 01	기내에서 입국신고서를 작성하지 않은 외국인은 심사 전 입국신고서를 작성해 주세요.
STEP 02	내국인과 외국인 심사 대기공간이 분리되어 있으니, 줄을 설 때 주의해 주세요. ※ 내국인은 파란선, 외국인은 빨간선으로 입장
STEP 03	심사대 앞 차단문이 열리면 입장해 주세요.
STEP 04	내국인은 여권을, 외국인은 입국신고서와 여권을 심사관에게 제시하고, 심사가 끝나면 심사대를 통과해 주세요. ※ 17세 이상의 외국인은 지문 및 얼굴 정보를 제공해야 합니다.

① 등록대상인 외국인은 입국일로부터 90일 이내 관할 출입국관리사무소에 외국인 등록을 하여야 한다.

② 중국 청소년 수학여행객은 단체사증을 소지하였더라도 입국신고서를 작성해야 한다.

③ 모든 외국인은 지문 및 얼굴 정보를 제공해야 한다.

④ 입국심사를 하려는 내국인은 파란선으로 입장해야 한다.

121. 다음은 항공보안 자율신고제도의 FAQ이다. 잘못 이해한 사람은?

> **Q 누가 신고하나요?**
>
> **A** 누구든지 신고할 수 있습니다.
> - 승객(공항이용자) : 여행 중에 항공보안에 관한 불편사항 및 제도개선에 필요한 내용 등을 신고해 주세요.
> - 보안업무 종사자 : 업무 수행 중에 항공보안 위해요인 및 항공보안을 해칠 우려가 있는 사항 등을 신고해 주세요.
> - 일반업무 종사자 : 공항 및 항공기 안팎에서 업무 수행 중에 항공보안 분야에 도움이 될 사항 등을 신고해 주세요.
>
> **Q 무엇을 신고하나요?**
>
> **A** 항공보안 관련 내용은 무엇이든지 가능합니다.
> - 항공기내 반입금지 물품이 보호구역(보안검색대 통과 이후 구역) 또는 항공기 안으로 반입된 경우
> - 승객과 승객이 소지한 휴대물품 등에 대해 보안검색이 미흡하게 실시된 경우
> - 상주직원과 그 직원이 소지한 휴대물품 등에 대해 보안검색이 미흡하게 실시된 경우
> - 검색 받은 승객과 받지 않은 승객이 섞이는 경우
> - X-ray 및 폭발물흔적탐지장비 등 보안장비가 정상적으로 작동이 되지 않은 상태로 검색이 된 경우
> - 공항운영자의 허가를 받지 아니하고 보호구역에 진입한 경우
> - 항공기 안에서의 소란 · 흡연 · 폭언 · 폭행 · 성희롱 등 불법행위가 발생된 경우
> - 항공보안 기준 위반사항을 인지하거나 국민불편 해소 및 제도개선이 필요한 경우
>
> **Q 신고자의 비밀은 보장되나요?**
>
> **A** 「항공보안법」 제33의2에 따라 다음과 같이 신고자와 신고내용이 철저히 보호됩니다.
> - 누구든지 자율신고 내용 등을 이유로 신고자에게 불이익한 조치를 하는 경우 1천만 원 이하 과태료 부과
> - 신고자의 의사에 반하여 개인정보를 공개할 수 없으며, 신고내용은 보안사고 예방 및 항공보안 확보 목적 이외의 용도로 사용금지
>
> **Q 신고한 내용은 어디에 활용되나요?**
>
> **A** 신고내용은 위험분석 및 평가와 개선대책 마련을 통해 국가항공보안 수준을 향상시키는데 활용됩니다.
>
> **Q 마시던 음료수는 보안검색대를 통과할 수 있나요?**
>
> **A** 국제선을 이용하실 때에는 100ml 이하 용기에 한해 투명지퍼백(1L)에 담아야 반입이 가능합니다.

① 甲 : 공항직원이 아니라도 공항이용자라면 누구든지 신고가 가능하군.

② 乙 : 기내에서 담배를 피우는 사람을 발견하면 신고해야겠네.

③ 丙 : 자율신고자에게 불이익한 조치를 하면 1천만 원 이하의 과태료에 처해질 수 있군.

④ 丁 : 500ml 물병에 물이 100ml 이하로 남았을 경우 1L 투명지퍼백에 담으면 국제선에 반입이 가능하네.

---

122. 다음은 K방송국 신입사원 甲이 모니터링 업무를 하던 중 문제가 될 수 있는 보도 자료들을 수집한 것이다. 다음 중 그 문제의 성격이 다른 하나는?

> ㈎ 2004년 성매매특별법이 도입되었다. 한 지방경찰청의 범죄 통계에 따르면 특별법 도입 직후 한 달 동안 성폭력 범죄 신고 및 강간사건의 수치가 지난 5년 동안의 월 평균보다 약간 높게 나타났다. 성범죄 수치는 계절과 주기별로 다르게 나타난다. K방송국 이 통계에 근거해 "성매매특별법 시행 이후 성범죄 급속히 늘어"라는 제목의 기사를 내었다.
>
> ㈏ 1994~1996년 사이 항공 사고로 인한 사망자가 적은 해에는 10명 미만, 많은 해에는 200~300명 발생하였다. 같은 기간 산업재해로 인한 사망자는 매년 5,000명 이상, 상해자는 700만 명 가량 발생하였다. 이 시기 K방송국은 항공 사고에 대한 보도를 50편 가량 발표했다. 반면, 위험한 장비와 관련한 안전사고, 비위생적 노동조건으로 인한 질병 등 산업재해로 인한 사망사건에 대한 보도는 거의 없었다.
>
> ㈐ 1996~1997년 사이 통계를 보면 미국 사회 전체에서 폭력사건으로 인한 사망자 수는 5,400명이었다. 이 가운데 학교에서 발생한 폭력사건으로 인한 사망자 수는 19명이었으며 10개 공립학교에서 발생했다. 이로부터 K방송국은 "시한폭탄 같은 10대들"이라는 제하에 헤드라인 기사로 청소년 폭력문제를 다루었고, 뉴스 프로그램을 통해 청소년들의 흉악한 행동이 미국 전역의 학교와 도시에서 만연하고 있다고 보도했다.
>
> ㈑ 1990~1997년 사이 교통사고로 인한 사망자 25만 명 중 난폭 운전에 의해 사망한 사람은 218명이었다. 그리고 같은 시기 부상을 당한 2,000만 명의 자동차 운전자들 가운데 난폭 운전자에 의해 사고를 당했다고 추정되는 사람은 전체 부상자의 0.1% 미만이었다. 이에 대해 K방송국은 "교통사고의 주범 난폭운전"이란 제하에 난폭운전으로 인한 인명피해가 최근 전국적으로 넘쳐나고 있다고 보도했다.

① ㈎

② ㈏

③ ㈐

④ ㈑

123. 다음은 한 통신사의 요금제별 요금 및 할인 혜택에 관한 표이다. 이번 달에 전화통화와 함께 100건 이상의 문자메시지를 사용하였는데, A요금제를 이용했을 경우 청구되는 요금은 14,000원, B요금제를 이용했을 경우 청구되는 요금은 16,250원이다. 이번 달에 사용한 문자메시지는 모두 몇 건인가?

요금제	기본료	통화요금	문자메시지 요금	할인 혜택
A	없음	5원/초	10원/건	전체 요금의 20% 할인
B	5,000원/월	3원/초	15원/건	문자메시지 월 100건 무료

① 125건　　　　　② 150건
③ 200건　　　　　④ 250건

124. 다음은 2008~2017년 5개 자연재해 유형별 피해금액에 관한 자료이다. 이에 대한 설명으로 옳은 것만을 모두 고른 것은?

5개 자연재해 유형별 피해금액

(단위 : 억 원)

연도\유형	2008	2009	2010	2011	2012	2013	2014	2015	2016	2017
태풍	3,416	1,385	118	1,609	9	0	1,725	2,183	8,765	17
호우	2,150	3,520	19,063	435	581	2,549	1,808	5,276	384	1,581
대설	6,739	5,500	52	74	36	128	663	480	204	113
강풍	0	93	140	69	11	70	2	0	267	9
풍랑	0	0	57	331	0	241	70	3	0	0
전체	12,305	10,498	19,430	2,518	637	2,988	4,268	7,942	9,620	1,720

- ㉠ 2008~2017년 강풍 피해금액 합계는 풍랑 피해금액 합계보다 적다.
- ㉡ 2016년 태풍 피해금액은 2016년 5개 자연재해 유형 전체 피해금액의 90% 이상이다.
- ㉢ 피해금액이 매년 10억 원보다 큰 자연재해 유형은 호우뿐이다.
- ㉣ 피해금액이 큰 자연재해 유형부터 순서대로 나열하면 2014년과 2015년의 순서는 동일하다.

① ㉠㉡　　　　　② ㉠㉢
③ ㉢㉣　　　　　④ ㉠㉡㉣

125. 다음은 갑국의 최종에너지 소비량에 대한 자료이다. 이에 대한 설명으로 옳은 것들로만 바르게 짝지어진 것은?

〈2015~2017년 유형별 최종에너지 소비량 비중〉

(단위 : %)

연도\유형	석탄		석유 제품	도시 가스	전력	기타
	무연탄	유연탄				
2015	2.7	11.6	53.3	10.8	18.2	3.4
2016	2.8	10.3	54.0	10.7	18.6	3.6
2017	2.9	11.5	51.9	10.9	19.1	3.7

〈2017년 부문별 유형별 최종에너지 소비량〉

(단위 : 천TOE)

부문\유형	석탄		석유 제품	도시 가스	전력	기타	합
	무연탄	유연탄					
산업	4,750	15,317	57,451	9,129	23,093	5,415	115,155
가정·상업	901	4,636	6,450	11,105	12,489	1,675	37,256
수송	0	0	35,438	188	1,312	0	36,938
기타	0	2,321	1,299	669	152	42	4,483
계	5,651	22,274	100,638	21,091	37,046	7,132	193,832

※ TOE는 석유 환산 톤수를 의미

- ㉠ 2015~2017년 동안 전력소비량은 매년 증가한다.
- ㉡ 2017에는 산업부문의 최종에너지 소비량이 전체 최종에너지 소비량의 50% 이상을 차지한다.
- ㉢ 2015~2017년 동안 석유제품 소비량 대비 전력 소비량의 비율이 매년 증가한다.
- ㉣ 2017년에는 산업부문과 가정·상업부문에서 유연탄 소비량 대비 무연탄 소비량의 비율이 각각 25% 이하이다.

① ㉠㉡　　　　　② ㉠㉣
③ ㉡㉢　　　　　④ ㉡㉣

126. 다음은 인천공항의 2018년 6월 항공사별 항공통계이다. 자료를 잘못 분석한 것은?

(단위 : 편, 명, 톤)

항공사	운항		여객		화물	
	도착	출발	도착	출발	도착	출발
대한항공	3,912	3,908	743,083	725,524	51,923	50,722
델타항공	90	90	24,220	23,594	159	694
아시아나항공	2,687	2,676	514,468	504,773	29,220	26,159
에어프랑스	43	43	14,069	14,445	727	751
에어서울	406	406	67,037	67,949	36	53
에어캐나다	60	60	16,885	17,176	630	601
이스타항공	515	514	82,409	84,567	139	53
제주항공	1,305	1,301	224,040	223,959	444	336
진에어	894	893	175,967	177,879	498	422
티웨이항공	672	673	109,497	110,150	106	134
합계	10,584	10,564	1,971,675	1,950,016	83,882	79,925

① 2018년 6월 인천공항에 도착한 대한항공 항공기 수는 같은 기간 인천공항에 도착한 아시아나항공 항공기 수와 제주항공 항공기 수의 합보다 적다.

② 2018년 6월 이스타항공을 이용하여 인천공항에 도착한 여객 수는 같은 기간 인천공항에 도착한 전체 여객 수의 5% 이상이다.

③ 에어프랑스, 에어서울, 에어캐나다를 이용하여 2018년 6월 인천공항에서 출발한 화물의 양은 1,400톤 이상이다.

④ 2018년 6월 제주항공을 이용하여 인천공항에서 출발한 여객 수는 같은 기간 티웨이항공을 이용하여 인천공항에서 출발한 여객 수의 2배 이상이다.

127. 카지노 사업자 甲은 A, B, C 세 곳의 사업장을 가지고 있으며, 각각의 사업장 연간 총 매출액은 10억 원, 90억 원, 200억 원이다. 다음의 세금 징수비율에 따라 세금을 납부한다고 할 때, A, B 두 곳의 세금은 기한 내 납부하였고 C의 세금은 납부기한이 지난 후에 납부하였다고 한다면 甲이 낸 총 금액은 얼마인가?

- ■ 세금 징수비율
- 연간 총매출액이 10억 원 이하인 경우 : 총매출액의 100분의 1
- 연간 총매출액이 10억 원을 초과하고 100억 원 이하인 경우 : 1천만 원 + (총매출액 중 10억 원을 초과하는 금액의 100분의 5)
- 연간 총매출액이 100억 원을 초과하는 경우 : 4억 6천만 원 + (총매출액 중 100억 원을 초과하는 금액의 100분의 10)
- ■ 체납에 따른 가산금
- 납부기한까지 세금을 내지 않으면, 체납된 세금에 대해서 100분의 3에 해당하는 가산금이 1회에 한하여 부과된다.
- 다만 가산금에 대한 연체료는 없다.

① 16억 1,350만 원
② 17억 4,530만 원
③ 18억 3,560만 원
④ 19억 2,380만 원

128. 다음 〈그림〉은 연도별 연어의 포획량과 회귀율을 나타낸 것이다. 이에 대한 설명 중 옳지 않은 것은?

〈연도별 연어포획량〉

〈연도별 연어회귀율〉

$$※ \ 연어회귀율(\%) = \frac{당해년도 \ 포획량}{3년전 \ 방류량} \times 100$$

① 1999년도와 2000년도의 연어방류량은 동일하다.

② 연어포획량이 가장 많은 해와 가장 적은 해의 차이는 20만 마리를 넘지 않는다.

③ 연어회귀율은 증감을 거듭하고 있다.

④ 2004년도 연어방류량은 1,500만 마리가 넘는다.

129. 다음은 영업사원인 윤석씨가 오늘 미팅해야 할 거래처 직원들과 방문해야 할 업체에 관한 정보이다. 다음의 정보를 모두 반영하여 하루의 일정을 짠다고 할 때 순서가 올바르게 배열된 것은? (단, 장소 간 이동 시간은 없는 것으로 가정한다)

〈거래처 직원들의 요구 사항〉
- A거래처 과장 : 회사 내부 일정으로 인해 미팅은 10시~12시 또는 16~18시까지 2시간 정도 가능합니다.
- B거래처 대리 : 12시부터 점심식사를 하거나, 18시부터 저녁식사를 하시죠. 시간은 2시간이면 될 것 같습니다.
- C거래처 사원 : 외근이 잡혀서 오전 9시부터 10시까지 1시간만 가능합니다.
- D거래처 부장 : 외부일정으로 18시부터 저녁식사만 가능합니다.

〈방문해야 할 장소와 가능시간〉
- E서점 : 14~18시, 소요시간은 2시간
- F은행 : 12~16시, 소요시간은 1시간
- G미술관 관람 : 하루 3회(10시, 13시, 15시), 소요시간은 1시간

① C거래처 사원 – A거래처 과장 – B거래처 대리 – E서점 – G미술관 – F은행 – D거래처 부장

② C거래처 사원 – A거래처 과장 – F은행 – B거래처 대리 – G미술관 – E서점 – D거래처 부장

③ C거래처 사원 – G미술관 – F은행 – B거래처 대리 – E서점 – A거래처 과장 – D거래처 부장

④ C거래처 사원 – A거래처 과장 – B거래처 대리 – F은행 – G미술관 – E서점 – D거래처 부장

130. 주식회사 서원각에서는 1년에 1명을 선발하여 1달간의 해외여행을 보내주는 제도가 있다. 신부장, 이차장, 오과장, 김대리, 박대리 5명이 지원한 가운데 〈선발 기준〉과 〈지원자 현황〉이 다음과 같을 때 이를 기준으로 가장 높은 점수를 받은 사람이 선발될 경우 선발되는 사람은 누구인가?

〈선발 기준〉

구분	점수	비고
외국어 성적	50점	
근무 경력	20점	• 15년 이상 – 만점 대비 100% • 10년 이상 15년 미만 – 70% • 10년 미만 – 50% 단, 근무경력이 최소 5년 이상인 자만 선발 자격이 있음
근무 성적	10점	
포상	20점	• 3회 이상 – 만점 대비 100% • 1~2회 – 50% • 0회 – 0%
계	100점	

〈지원자 현황〉

구분	신부장	이차장	오과장	김대리	박대리
근무경력	30년	20년	10년	5년	3년
포상	2회	4회	0회	5회	4회

※ 외국어 성적은 신부장과 이차장이 만점 대비 50%이고, 오과장이 80%, 김대리와 박대리가 100%이다.
※ 근무 성적은 이차장이 만점이고, 신부장, 오과장, 김대리, 박대리는 만점 대비 90%이다.

① 신부장　　　　　② 이차장
③ 오과장　　　　　④ 김대리

KT그룹

종합인적성검사

인문계

영 역	지각정확력, 언어추리력, 판단력, 응용수리력, 단어연상력, 직무해결력
문항수	130문항
시 간	65분
비 고	객관식 4지선다형

제 2 회

SEOWONGAK

(주)서원각

>> 지각정확력(30문항/6분)

▌1~5▌ 아래의 기호/문자 무리 중 각각의 문제에서 제시된 것이 몇 개인지 고르시오.

Ц	ծ	Ц	Ѧ	Ც	ѫ
ѫ	ѫ	Ҵ	ծ	Ҏ	Ҕ
ծ	Ც	Ѧ	Ҏ	Ƨ	Ц
Ѧ	Ҏ	Ⴚ	Ҵ	ѫ	Ҏ
Ц	ծ	Ҏ	Ҏ	Ц	Ც
Ც	Ѧ	Ҵ	ѫ	Ⴚ	Ც

1.

ѫ

① 0개　　　　　② 1개
③ 2개　　　　　④ 3개

2.

Ⴚ

① 0개　　　　　② 1개
③ 2개　　　　　④ 3개

3.

Ҏ

① 0개　　　　　② 1개
③ 2개　　　　　④ 3개

4.

Ҕ

① 0개　　　　　② 1개
③ 2개　　　　　④ 3개

5.

Ѧ

① 1개　　　　　② 2개
③ 3개　　　　　④ 4개

▌6~10▌ 아래의 기호/문자 무리 중 각각의 문제에서 제시된 것이 몇 개인지 고르시오.

②	(5)	(1)	(b)	②	⑮
(p)	Ⓟ	②	(19)	⑪	(19)
(1)	(11)	⑥	Ⓙ	Ⓖ	ⓥ
⑮	(8)	(p)	(p)	(8)	⑳
(b)	⑮	Ⓖ	ⓥ	⑥	⑥
(5)	⑥	(11)	Ⓜ	(1)	Ⓖ

6.

(p)

① 1개　　　　　② 2개
③ 3개　　　　　④ 4개

7.

(8)

① 1개   ② 2개
③ 3개   ④ 4개

8.

ⓙ

① 1개   ② 2개
③ 3개   ④ 4개

9.

⒢

① 1개   ② 2개
③ 3개   ④ 4개

10.

(b)

① 1개   ② 2개
③ 3개   ④ 4개

┃11~15┃ 아래의 기호/문자 무리 중 각각의 문제에서 제시된 것이 몇 개인지 고르시오.

甲	庚	丙	己	丙	甲
丙	丁	乙	庚	戊	戊
乙	己	申	甲	申	乙
丁	丙	丁	丁	丁	己
戊	庚	申	戊	庚	丙
乙	甲	丙	己	乙	申

11.

乙

① 3개   ② 4개
③ 5개   ④ 6개

12.

丁

① 3개   ② 4개
③ 5개   ④ 6개

13.

己

① 3개   ② 4개
③ 5개   ④ 6개

14.

庚

① 3개   ② 4개
③ 5개   ④ 6개

15.

田

① 0개   ② 1개
③ 2개   ④ 3개

┃16~20┃ 각 문제의 보기 중 아래의 기호/문자 무리에
제시되지 않은 것을 고르시오.

┃21~25┃ 각 문제의 보기 중 아래의 기호/문자 무리에
제시되지 않은 것을 고르시오.

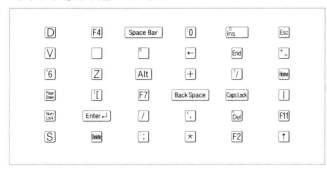

ア	ギ	セ	ウ	コ	ミ
シ	テ	カ	ザ	ピ	ン
サ	ベ	プ	レ	ガ	ユ
ゼ	キ	ゴ	ソ	ヨ	デ
ニ	ゾ	ヨ	ム	ヴ	モ
チ	エ	メ	ビ	テ	ペ

16.
① ⌄6   ② Num Lock
③ ⌐]   ④ Caps Lock

17.
① Ⅴ   ② □
③ ⌄5   ④ /

18.
① ↓   ② ⌄;
③ Ins   ④ Home

19.
① Alt   ② Insert
③ +   ④ S

20.
① ⌄0   ② +=
③ F2   ④ ←

21.
① ゼ   ② ギ
③ ベ   ④ ダ

22.
① ヒ   ② ア
③ サ   ④ ニ

23.
① テ   ② チ
③ エ   ④ ス

24.
① ソ   ② ナ
③ レ   ④ メ

25.
① ヨ   ② エ
③ コ   ④ ユ

❙26~30❙ 각 문제의 보기 중 아래의 기호/문자 무리에 제시되지 않은 것을 고르시오.

곲	굹	긿	긏	그ᇫ	기ퟦ
곫	갱	그ᇉ	ㄹ	길	꺙
긍	곷	곮	경	굻	곪
겶	값	구ᅥ	긊	ㄲ	긇
곮	걳	줘	굻	낑	꿩
갍	곯	공	갸	긴	구ᅥ

26.
① 긍 ② ㄹ
③ 금 ④ 그ᇫ

27.
① ㄲ ② ㄱ
③ 낑 ④ 긍

28.
① 갓 ② 값
③ 갸 ④ 긴

29.
① 꿩 ② 곮
③ 긿 ④ 갔

30.
① 굹 ② 긆
③ 공 ④ 굻

〉〉 언어추리력(20문항/7분)

❙31~35❙ 다음에 제시된 사실이 모두 참일 때, 〈보기〉의 참, 거짓, 알 수 없음을 판단하시오.

31.

〈사실〉

㉠ 세 가지 색상의 공을 갑, 을, 병에게 한 개씩 나누어 준다.
㉡ 공의 색상은 빨간색, 파란색, 노란색이고, 서로 다른 색상만 가질 수 있다.
㉢ 갑은 파란색 공을 가지고 있지 않다.
㉣ 을은 파란색 공을 가지고 있다.
㉤ 병은 노란색 공을 가지고 있지 않다.

〈보기〉

갑은 빨간색 공을 가지고 있지 않다.

① 참
② 거짓
③ 알 수 없음

32.

〈사실〉

㉠ 김씨, 박씨, 이씨, 강씨가 달리기를 한다.
㉡ 강씨는 박씨보다 빠르지 않다.
㉢ 이씨는 꼴찌가 아니다.
㉣ 박씨는 이씨보다 빠르고, 김씨보다 빠르지 않다.

〈보기〉

강씨가 가장 빠르다.

① 참
② 거짓
③ 알 수 없음

33.

〈사실〉

㉠ A, B, C는 인터넷 방송을 하기 위해 다음의 조건에 따라야
한다.

㉡ B와 A는 동시에 방송을 할 수 없다.

㉢ C가 방송을 할 수 없으면 B는 방송을 할 수 있다.

㉣ A는 방송을 한다.

〈보기〉

C는 방송을 할 수 있다.

① 참

② 거짓

③ 알 수 없음

34.

〈사실〉

㉠ A, B, C, D, E는 4시까지 약속 장소에 도착해야 한다.

㉡ D는 B보다 일찍 도착했다.

㉢ B는 A 다음으로 도착했다.

㉣ C는 E보다 늦게 도착했다.

㉤ B는 3시 58분에 도착했다.

㉥ D는 4시 20분 전에 도착했지만 가장 먼저 도착하지 못했다.

㉦ B보다 늦게 온 사람은 한 명이다.

〈보기〉

C는 약속 시간에 늦었다.

① 참

② 거짓

③ 알 수 없음

35.

〈사실〉

㉠ 정음, 민수, 시영, 은정, 명운, 우영이는 아래의 공간에서 놀
고 있다.

㉡ 정음이의 위치는 아래와 같다.

㉢ 민수는 정음이의 동쪽으로 2칸 떨어져 있다.

㉣ 시영이는 민수의 남쪽으로 3칸 떨어져 있다.

㉤ 명운이는 정음이의 북쪽에 이웃하고 있다.

㉥ 은정이는 시영이의 동쪽에 이웃하고 있다.

㉦ 우영이는 민수와 시영이 사이에 있다.

		정음		

〈보기〉

우영이는 명운이의 남서쪽에 위치한다.

① 참

② 거짓

③ 알 수 없음

|36~40| 다음 명제가 참일 때, 항상 참인 것을 고르시오.

36.

〈명제〉

㉠ 갑, 을, 병, 정, 무, 기의 매출액은 다르다.

㉡ 기는 을보다 매출액이 높다.

㉢ 병은 정보다 매출액이 높지 않다.

㉣ 갑은 무보다 매출액이 높지 않지만 기보다는 높다.

㉤ 을은 정보다 매출액이 높지만 갑보다는 높지 않다.

① 무는 매출액이 가장 높지 않다.

② 갑은 두 번째로 매출액이 높다.

③ 정의 매출액은 중간값에 해당한다.

④ 매출액의 최솟값은 을이 기록 중이다.

37.

〈명제〉
㉠ A, B, C, D, E는 같은 빌라에 살고 있고, 총 5층 건물이다.
㉡ A, B, C, D, E는 각자 다른 층에 거주 중이다.
㉢ D의 집은 A의 집과 2층 차이가 난다.
㉣ C는 B의 집보다 아래층에 살고 있다.
㉤ A의 집은 B의 집보다 3층이 더 높다.
㉥ B는 A, C의 아들이다.

① B는 3층에 살고 있다.
② C는 2층에 살고 있다.
③ A는 건물의 최상층에 살고 있다.
④ E는 건물의 최하층에 살고 있다.

38.

〈명제〉
㉠ A와 C는 부부이다.
㉡ D는 B의 친할아버지이다.
㉢ C는 F의 며느리이다.
㉣ E는 A의 처제이다.
㉤ G는 C의 어머니이다.

① F와 G는 사돈 관계이다.
② D는 C의 시어머니이다.
③ G는 A의 장인어른이다.
④ C는 E의 오빠이다.

39.

〈명제〉
㉠ 영수가 가진 모든 모자는 검정색이나 흰색이다.
㉡ 진성이는 영수에게 가끔 모자를 빌린다.
㉢ 영수는 가끔 서준이 모자를 빌려 쓴다.
㉣ 진성이는 흰색 모자를 즐겨 쓴다.
㉤ 서준이가 가진 모자 중에 검정색과 흰색은 없다.

① 서준이는 영수나 진성이에게 모자를 빌리지 않는다.
② 진성이가 흰색 모자를 쓰고 있다면 그 모자는 영수의 것이다.
③ 영수가 쓴 모자는 항상 검정색이나 흰색이다.
④ 영수의 모자와 서준이의 모자의 색은 중복되지 않는다.

40.

〈명제〉
㉠ A, B, C 세 제품을 판매 중이다.
㉡ 최고가의 제품은 나머지 제품의 가격의 합보다 가격이 높다.
㉢ C는 최고가의 제품이 될 수 없다.

① 최저가의 제품은 나머지 제품의 가격 차이보다 가격이 높다.
② 최고가의 제품은 나머지 제품의 가격 차이보다 가격이 높다.
③ A와 B의 가격이 같다.
④ A와 C의 가격이 같다.

▌41~45▐ 다음을 읽고 빈칸에 들어갈 조건을 고르시오.

41.

〈조건〉
• (   )
• 모든 사람은 이성적인 사람이다.
• 어떤 사람은 감정적인 사람이다.
〈결론〉
어떤 사람은 이성적이고 자유로운 사람이다.

① 감정적인 사람은 이성적인 사람이다.
② 감정적인 사람은 자유로운 사람이다.
③ 어떤 사람은 이타적인 사람이다.
④ 어떤 사람은 현명한 사람이다.

42.

〈조건〉
• (   )
• 신중한 사람은 과거를 좋아하는 사람이다.
• 역사를 좋아하지 않는 사람은 과거를 좋아하지 않는 사람이다.
• 역사를 좋아하는 사람은 과거를 성찰하는 사람이다.
〈결론〉
신중한 사람은 반성할 수 있는 사람이다.

① 과거를 성찰하는 사람은 반성할 수 있는 사람이다.
② 역사를 좋아하는 사람은 신중한 사람이다.
③ 반성할 수 있는 사람은 과거를 성찰하는 사람이다.
④ 과거를 좋아하지 않는 사람은 역사를 좋아하지 않는다.

43.

〈조건〉
- (   )
- 포도를 좋아하는 사람은 오렌지를 좋아하는 사람이다.
- 사과를 좋아하는 사람은 토마토를 좋아하는 사람이다.
- 귤을 좋아하는 사람은 수박을 좋아하는 사람이다.
- 오렌지를 좋아하는 사람은 귤을 좋아하는 사람이다.

〈결론〉
사과를 좋아하는 사람은 수박을 좋아하는 사람이다.

① 수박을 좋아하지 않는 사람은 귤을 좋아하지 않는 사람이다.
② 귤을 좋아하지 않는 사람은 오렌지를 좋아하지 않는 사람이다.
③ 포도를 좋아하지 않는 사람은 토마토를 좋아하지 않는 사람이다.
④ 오렌지를 좋아하지 않는 사람은 포도를 좋아하지 않는 사람이다.

44.

〈조건〉
- (   )
- 여행을 좋아하면 기차를 좋아한다.
- 산책을 좋아하지 않으면 소풍을 좋아하지 않는다.
- 기차를 좋아하면 버스를 좋아한다.
- 운동을 좋아하지 않으면 산책을 좋아하지 않는다.
- 운동을 좋아하면 건강을 좋아한다.

〈결론〉
건강을 좋아하지 않으면 여행을 좋아하지 않는다.

① 버스를 좋아하면 소풍을 좋아한다.
② 소풍을 좋아하면 운동을 좋아한다.
③ 기차를 좋아하면 여행을 좋아한다.
④ 산책을 좋아하면 건강을 좋아한다.

45.

〈조건〉
- (   )
- 수선화를 좋아하지 않으면 무궁화를 좋아하지 않는다.
- 무궁화를 좋아하지 않으면 나팔꽃을 좋아하지 않는다.
- 장미를 좋아하지 않으면 라벤더를 좋아하지 않는다.
- 라벤더를 좋아하지 않으면 국화를 좋아하지 않는다.
- 히아신스를 좋아하면 국화를 좋아한다.
- 무궁화를 좋아하면 수선화를 좋아한다.
- 수선화를 좋아하면 히아신스를 좋아한다.

〈결론〉
장미를 좋아하지 않으면 해바라기를 좋아하지 않는다.

① 국화를 좋아하면 수선화를 좋아한다.
② 히아신스를 좋아하면 무궁화를 좋아한다.
③ 수선화를 좋아하지 않으면 무궁화를 좋아하지 않는다.
④ 나팔꽃을 좋아하지 않으면 해바라기를 좋아하지 않는다.

46. 다음 살인 사건의 용의자 세 명 중 한 사람만 사실을 말하고 있다. 다음 중 살인자는 누구인가?

　　○월 ○일 경기도 ○○시에서 시신이 발견 돼 경찰이 일대를 샅샅이 수색한 결과 수사에 착수한지 나흘 만에 용의자 세 명을 긴급체포하였다. 다음은 용의자의 진술이다.

- 용의자A : B는 살인을 했습니다.
- 용의자B : A는 거짓말을 하고 있습니다.
- 용의자C : 저는 살인을 하지 않았습니다.

① 용의자A　　　　　　　② 용의자B
③ 용의자C　　　　　　　④ 없음

47. 다음은 다섯 명의 학생이 시험 석차를 보고 나눈 대화이다. 다음 대화를 통해 알 수 없는 것으로 적절히 짝지어진 것은? (단, 등수는 다섯 명의 성적만 비교하도록 한다.)

- 수영 : 나는 소진이보다 시험을 못 봤어.
- 효선 : 수영이랑 연주는 나보다 시험 잘 봤던데?
- 지민 : 나는 이번 시험은 소진이보단 약간 더 잘 본 것 같아.
- 연주 : 지민이랑 나는 1등 차이구나.
- 소진 : 이번에도 나는 중간인가?

〈보기〉
- ㉠ 수영이의 등수
- ㉡ 소진이의 등수
- ㉢ 연주의 등수
- ㉣ 지민의 등수

① ㉠㉡ ② ㉠㉢
③ ㉡㉢ ④ ㉢㉣

48. 다음의 조건에 따라 팀원을 선정할 때, 같은 팀이 될 수 없는 조합은?

- ㉠ 준영, 상기, 명석, 연우, 경수, 성연이는 세 명씩 한 팀이 된다.
- ㉡ 준영이와 명석이는 같은 팀이 될 수 없다.
- ㉢ 상기의 팀은 준영이가 반드시 속해야 한다.
- ㉣ 성연이의 팀은 상기와 함께 할 수 없다.

① 상기, 준영, 성연
② 준영, 상기, 연우
③ 명석, 경수, 성연
④ 연우, 성연, 명석

49. 다음의 조건에 따라 와이파이를 이용할 때, D 스마트폰에 연결된 와이파이는?

- ㉠ 1, 2, 3, 4번 와이파이는 A, B, C, D, E 스마트폰에 연결할 수 있다.
- ㉡ 하나의 와이파이는 하나의 스마트폰과 연결할 수 있다.
- ㉢ 모든 와이파이는 스마트폰과 연결되어 있다.
- ㉣ 와이파이에 연결되어 있을 때, 스마트폰에서 자동 업데이트가 실행된다.
- ㉤ C 스마트폰은 자동 업데이트가 실행되지 않았다.
- ㉥ 2번 와이파이는 A 또는 C 스마트폰에 연결되어 있다.
- ㉦ 4번 와이파이는 C 또는 E 스마트폰에 연결되어 있다.
- ㉧ B 스마트폰은 1번 와이파이에 연결되어 있다.

① 1번 ② 2번
③ 3번 ④ 4번

50. 다음의 조건에 따를 때, C1을 구매하려면 어떤 상품을 구매해야 하는가?

〈조건〉
- ㉠ 준비된 상품은 A1, A2, A3, B1, B2, C1이다.
- ㉡ A1를 구매하면 A3도 구매해야 한다.
- ㉢ C1를 구매하면 A2는 구매할 수 없다.
- ㉣ B1 혹은 B2는 꼭 구매해야 한다.
- ㉤ A1, B2, C1 중에 하나만 구매할 수 있다.

① A1 ② A2
③ B1 ④ B2

>> 판단력(20문항/12분)

51. 다음 글의 필자 생각에 부합하지 않는 것은?

조금 예민한 문제이지만 외몽고와 내몽고라는 용어도 문제가 있다. 외몽고는 중국을 중심으로 바깥쪽이라는 뜻이고, 내몽고는 중국의 안쪽에 있다는 말이다. 이러한 영토 내지는 귀속 의식을 벗어나서 객관적으로 표현한다면 북몽골, 남몽골로 구분하는 것이 더 낫다. 그러나 이렇게 하면 중국과의 불화는 불을 보듯이 뻔하다. 중국의 신강도 '새 영토'라는 뜻이므로 지나치게 중화주의적이다. 그곳에 살고 있는 사람들의 고유 전통을 완전히 무시한 것이기도 하다. 미국과 캐나다, 그리고 호주의 원주민 보호 구역 역시 '보호'라는 의미를 충족하지 못한다. 수용 지역이라고 하는 것이 더욱 객관적이다. 그러나 그렇게 한다면 외교적인 부담을 피할 길이 없다. 이처럼 예민한 지명 문제는 학계의 목소리로 남겨 두는 것이 좋다.

① 정부는 외몽고를 북몽골로 불러야 한다.
② 지명 문제로 외교 마찰을 빚는 것은 바람직하지 않다.
③ 외몽고, 내몽고, 신강 등과 같은 표현은 객관적인 표현이라 할 수 없다.
④ 외교적 마찰이 예상되는 지명 문제에 대해서는 학계에서 논의하는 것이 좋다.

52. 다음 주장의 전제로 가장 적절한 것은?

우리말을 가꾸기 위해서 무엇보다 중요한 것은 국어에 대한 우리의 관심과 의식이다. 지도자의 위치에 있는 사람들이 외국어를 함부로 사용하는 모습, 외국어투성이인 상품 이름이나 거리의 간판, 문법과 규범을 지키지 않은 문장 등을 손쉽게 접할 수 있는 우리의 언어 현실, 이러한 모두는 우리말을 사랑하는 정신이 아직도 제대로 뿌리를 내리지 못하는 데서 비롯된 것이다.

① 언어는 의사소통의 도구이다.
② 언어는 언중들 간의 사회적 약속이다.
③ 언어에는 그 민족의 정신이 담겨 있다.
④ 언어는 내용과 형식을 담고 있는 체계이다.

53. 어휘의 의미 관계가 ㉠ : ㉡과 다른 것은?

아침에 볕에 시달려서 마당이 부스럭거리면 그 소리에 잠을 깨입니다. 하루라는 '짐'이 마당에 가득한 가운데 새빨간 잠자리가 병균처럼 활동합니다. 끄지 않고 잔 석유 등잔에 불이 그저 켜진 채 소실된 밤의 흔적이 낡은 조끼 단추처럼 남아 있습니다. ㉠작야(昨夜)를 방문할 수 있는 '요비링'입니다. ㉡지난밤의 체온을 방 안에 내어던진 채 마당에 나서면 마당 한 모퉁이에는 화단이 있습니다.

① 항용 : 늘
② 미소 : 웃음
③ 간혹 : 이따금
④ 백부 : 큰아버지

54. ㈎의 '적장'의 관점에서 볼 때, ㈏의 '리처드 닉슨'에게 필요한 언어 전략이 아닌 것은?

㈎ 일찍이 로마 황제 마르쿠스 아우렐리우스가 마르코만니 인들과 싸우게 되었을 때, 그는 군대를 전지에 파견함에 제(際)하여 그의 병사들에게 말하되,
"나는 너희에게 내 사자를 동반시키노라!"
라고 하였다. 이에 그들은 수중지대왕(獸中之大王)이 반드시 적지 않은 조력을 할 것임을 확신하였다.
그러나 많은 사자가 적군을 향하여 돌진하였을 때 마르코만니 인들은 물었다.
"저것이 무슨 짐승인가?"
하자, 적장이 그 질문에 대하여 왈
"그것은 개다. 로마의 개다!"
하였다. 여기서 마르코만니 인들은 미친개를 두드려 잡듯이 사자를 쳐서 드디어 싸움에 이겼다.

㈏ 워터게이트 사건이 터지고 리처드 닉슨이 한창 사임 압력을 받던 당시의 일이다. 이때 그는 텔레비전에 나와 연설을 했는데 여기서 리처드 닉슨은 전국에다 대고 이렇게 말 했다.
"저는 사기꾼이 아닙니다."
그 순간 모두가 그를 사기꾼이라고 생각하게 되었다.

① 말로 온 공을 갚음을 명심한다.
② 말은 꾸밀 탓으로 감을 명심한다.
③ 말 안 하면 귀신도 모름을 명심한다.
④ 말이란 아 해 다르고 어 해 다름을 명심한다.

55. 문맥상 괄호 안에 들어갈 말로 가장 부적절한 것은?

우리는 곧잘 '우리'를 앞세우지만, 우리의 '우리'는 그 범위가 너무 좁다. 그것들은 다만 '나'의 확장에 지나지 않는다. 오히려 내가 확장된 '우리'는 그 이기심과 배타성이 더욱 강화되고 독해진다. '나'와 '나와 관계있는 이들'은 하나로 묶고, 그렇지 않은 이들은 철저히 (   )하는 개념이 되어 버리기 때문이다. 우리의 '우리'는 더 넓어지고, 한없이 넓어져야 한다. 우리가 공유하고 있는 우편함이 어디 한두 개인가. 울타리의 안과 밖을 가르는 것이 인간의 어쩔 수 없는 성품이라면, 그 울타리를 한없이 키워 버리는 것은 어떨까? 지구와 우주 역시 우리가 공유하고 있는 우편함이다.

① 배빈(排擯)   ② 배설(排泄)

③ 배제(排除)   ④ 배척(排斥)

56. 논지 전개상 괄호 안에 들어갈 말로 가장 적절한 것은?

마젤란과 필리핀 막탄 섬의 족장 라풀라푸 사이에 있었던 1521년의 전투에서 이의 중요성을 확인해 보자.

당시 마젤란은 스페인의 지원을 받는 막강한 함대를 이끌고 있었다. 그의 배는 막탄 섬의 족장 라풀라푸가 전혀 보지 못했던 대포와 총으로 무장되어 있었다. 반면, 무적 스페인 함대를 맞이한 라풀라푸의 화력은 상대적으로 너무나 빈약했다. 그의 부족이 갖고 있는 무기란 고작 칼, 창, 활이 전부였다. 그런데 결과는 마젤란의 죽음으로 끝났다. 그 까닭은 어디에 있었을까?

마젤란의 생각은 칼, 창, 활로 무장된 적이란 오합지졸의 군대와 같은 것이기에 총과 대포로 이들을 간단히 제압할 수 있다는 것이었다 그러나 막상 싸움이 시작되었을 때 마젤란 함대의 총포는 무용지물이었다. 당시 마젤란 함대에 무장된 총포의 유효 사거리가 오십 미터가 채 되지 않은 관계로 라풀라푸 족장이 그의 부족을 마젤란 함대로부터 철저히 오십 미터 이상의 거리가 유지되도록 하였기 때문이다.

마젤란이 갖고 있는 지식은 항해술이 대부분이었다. 이 항해술은 전쟁 수행과 관련해서 부분적인 도움을 줄 뿐이다. 분명 항해술에도 논리적이고 분석적인 면이 있지만 그렇다고 낯선 상황을 해결할 총체적인 백방의 지식이 이에 들어 있는 것은 아니다. 그런데도 마젤란은 항해술을 모든 문제 해결의 열쇠로 생각하였기에 끝내 죽음을 맞이하였다.

마젤란의 죽음은 왜 다양한 지식의 (   )에 근거한 문제 해결 능력을 키워야 하는지를 일깨워 준다.

① 분석   ② 경험

③ 연역   ④ 통합

57. 다음 글의 전개 순서로 가장 적절한 것은?

㉠ 또한 실천적 측면 가운데 내적 측면으로 나타나는 것이 선(善), 외적 측면으로 나타나는 것이 정의(正義)이다.
㉡ 인간이라면 누구나 이념과 가치를 소중히 여기기 마련이다.
㉢ 흔히들 숭고한 이념이나 가치로 진리·선·정의를 언급하기도 한다.
㉣ 진리는 인간 생활의 이론적 측면으로 나타나고, 선·정의는 인간 생활의 실천적 측면으로 나타난다.

① ㉡ - ㉢ - ㉣ - ㉠

② ㉡ - ㉣ - ㉠ - ㉢

③ ㉢ - ㉡ - ㉠ - ㉣

④ ㉢ - ㉣ - ㉠ - ㉡

58. 다음 글에 나타난 서술 방식으로 옳은 것은?

프레임(frame)이란 우리가 세상을 바라보는 방식을 형성하는 정신적 구조물이다. 프레임은 우리가 추구하는 목적, 우리가 짜는 계획, 우리가 행동하는 방식, 그리고 우리 행동의 좋고 나쁜 결과를 결정한다. 정치에서 프레임은 사회 정책과 그 정책을 수행하고자 수립하는 제도를 형성한다. 프레임을 바꾸는 것은 이 모두를 바꾸는 것이다. 그러므로 프레임을 재구성하는 것이 바로 사회적 변화이다.

프레임을 재구성한다는 것은 대중이 세상을 보는 방식을 바꾸는 것이다. 그것은 상식으로 통용되는 것을 바꾸는 것이다. 프레임은 언어로 작동되기 때문에, 새로운 프레임을 위해서는 새로운 언어가 요구된다. 다르게 생각하려면 우선 다르게 말해야 한다.

구제(relief)라는 단어의 프레임을 생각해 보자. 구제가 있는 곳에는 고통이 있고, 고통 받는 자가 있고, 그 고통을 없애 주는 구제자, 다시 말해 영웅이 있게 마련이다. 그리고 어떤 사람들이 그 영웅을 방해하려고 한다면, 그 사람들은 구제를 방해하는 악당이 된다.

① 인용   ② 분류

③ 예시   ④ 서사

59. ( )에 들어갈 말로 가장 적절한 것은?

집은 세우는 것이 아니라 짓는 것이라는 말이 우리에게는 더욱 익숙하다. 이 말은 '집은 혹은 건축은 단순히 기술적·구조적인 측면에서, 세우는 일만을 의미하는 것이 아니라, 시를 짓고 밥을 짓듯이 어떠한 재료를 가지고 일련의 사고 과정을 통하여 뭔가 만들어내 가는 것'이란 뜻이다. 이는 우리 선조들이 건축을 가리켜 영조(營造)라 일컬었던 것과도 일맥상통한다. 일본인들이 메이지 시대 때 만든 '건축'이라는 말의 뜻으로는 '우리의 삶을 형성하는 것'을 목표로 하는 건축의 본질을 설명할 수 없다. 건물이 (㉠) 환경을 뜻한다면 건축은 그것을 포함하는 (㉡) 환경까지 포함하는 개념이다.

	㉠	㉡
①	경제적(經濟的)	문화적(文化的)
②	물리적(物理的)	형이상학적(形而上學的)
③	현실적(現實的)	이상주의적(理想主義的)
④	천편일률적(千篇一律的)	다원론적(多元論的)

60. 다음 글에서 글쓴이가 긍정적으로 평가하는 것만으로 묶인 것은?

언어순결주의자들은 국어의 혼탁을 걱정한다. 그들은 국어의 어휘가 외래어에 감염되어 있다고 개탄하고, 국어의 문체가 번역 문투에 감염되어 있다고 지탄한다. 나는 국어가 혼탁하다는 그들의 진단에 동의한다. 그러나 그 혼탁을 걱정스럽게 생각하지는 않는다. 우선, 국어의 혼탁이 현실적으로 불가피한 일이기 때문이다. 외딴섬에 이상향을 세우고 쇄국의 빗장을 지르지 않는 한 국어의 혼탁을 막을 길은 없다.

그러나 내가 국어의 혼탁을 걱정하지 않는 더 중요한 이유는 내가 불순함의 옹호자이기 때문이다. 불순함을 옹호한다는 것은 전체주의나 집단주의의 단색 취향, 유니폼 취향을 혐오한다는 것이고, 자기와는 영 다르게 생겨 먹은 타인에게 너그러울 수 있다는 것이다. 나는 이른바 토박이말과 한자어(중국산이든 한국산이든 일본산이든)와 유럽계 어휘(영국제이든 프랑스제이든)가 마구 섞인 혼탁한 한국어 속에서 자유를 숨 쉰다. 나는 한문 투로 휘어지고 일본 문투로 굽어지고 서양 문투로 닳은 한국어 문장 속에서 풍요와 세련을 느낀다. 순수한 토박이말과 토박이 문체로 이루어진 한국어 속에서라면 나는 질식할 것 같다. 언어순결주의, 즉 외국어의 그림자와 메아리에 대한 두려움에서 외국인 노동자에 대한 박해, 혼혈인 혐오, 북벌(北伐)·정왜(征倭)의 망상까지는 그리 먼 걸음이 아니다. 우리가 잊지 말아야 할 것은 '순화'의 충동이란 흔히 '죽임'의 충동이란 사실이다.

① 혼탁, 불순, 감염, 섞임
② 자유, 풍요, 세련, 순결
③ 외딴섬, 쇄국, 빗장, 북벌
④ 단색, 유니폼, 순화, 전체주의

61. 다음 글의 내용과 일치하는 것은?

극의 진행과 등장인물의 대사 및 감정 등을 관객에게 설명했던 변사가 등장한 것은 1900년대이다. 미국이나 유럽에서도 변사가 있었지만 그 역할은 미미했을뿐더러 그마저도 자막과 반주 음악이 등장하면서 점차 소멸하였다. 하지만 주로 동양권, 특히 한국과 일본에서는 변사의 존재가 두드러졌다. 한국에서 변사가 본격적으로 등장한 것은 극장가가 형성된 1910년부터인데, 한국 최초의 변사는 우정식으로, 단성사를 운영하던 박승필이 내세운 인물이었다. 그 후 김덕경, 서상호, 김영환, 박응면, 성동호 등이 변사로 활약했으며 당시 영화 흥행의 성패를 좌우할 정도로 그 비중이 컸다. 단성사, 우미관, 조선 극장 등의 극장은 대개 5명 정도의 변사를 전속으로 두었으며 2명 내지 3명이 교대로 무대에 올라 한 영화를 담당하였다. 4명 내지 8명의 변사가 한 무대에 등장하여 영화의 대사를 교환하는 일본과는 달리, 한국에서는 한 명의 변사가 영화를 설명하는 방식을 취하였으며, 영화가 점점 장편화되면서부터는 2명 내지 4명이 번갈아 무대에 등장하는 방식으로 바뀌었다. 변사는 악단의 행진곡을 신호로 무대에 등장하였으며, 소위 전설(前說)을 하였는데 전설이란 활동사진을 상영하기 전에 그 개요를 앞서 설명하는 것이었다. 전설이 끝나면 활동사진을 상영하고 해설을 시작하였다. 변사는 전설과 해설 이외에도 막간극을 공연하기도 했는데 당시 영화관에는 영사기가 대체로 한 대밖에 없었기 때문에 필름을 교체하는 시간을 이용하여 코믹한 내용을 공연하였다.

① 한국과는 달리 일본에서는 변사가 막간극을 공연했다.
② 한국에 극장가가 형성되기 시작한 것은 1900년경이었다.
③ 한국은 영화의 장편화로 무대에 서는 변사의 수가 늘어났다.
④ 자막과 반주 음악의 등장으로 변사의 중요성이 더욱 높아졌다.

62. 다음 괄호 안에 들어갈 알맞은 접속어를 순서대로 나열한 것은?

각 시대는 그 시대의 특징을 나타내는 문학이 있다고 한다. 우리나라도 무릇 四千年이 넘는 생활의 역사를 가진 만큼 그 발전 시기마다 각각 특색을 가진 문학이 없을 수 없고, 문학이 있었다면 그 중추가 되는 것은 아무래도 시가문학이라고 볼 수밖에 없다. (   ) 대개 어느 민족을 막론하고 인간 사회가 성립하는 동시에 벌써 각자의 감정과 의사를 표시하려는 욕망이 생겼을 것이며, 삼라만상의 대자연은 자연 그 자체가 율동적이고 음악적이라고 할 수 있기 때문이다. 다시 말하면 인간이 생활하는 곳에는 자연적으로 시가가 발생하였다고 할 수 있다. (   ) 사람의 지혜가 트이고 비교적 언어의 사용이 능란해짐에 따라 종합 예술체의 한 부분으로 있었던 서정문학적 요소가 분화·독립되어 제요나 노동요 따위의 시가의 원형을 이루고 다시 이 집단적 가요는 개인적 서정시로 발전하여 갔으리라 추측된다. (   ) 다른 나라도 마찬가지이겠지만 우리 문학사상 시가의 지위는 상당히 중요한 몫을 지니고 있다.

① 왜냐하면 – 그리고 – 그러므로

② 그리고 – 왜냐하면 – 그러므로

③ 그러므로 – 그리고 – 왜냐하면

④ 왜냐하면 – 그러나 – 그럼에도 불구하고

63. 다음 글의 내용에 부합되지 않는 것은?

1960년대 중반 생물학계에는 조지 윌리엄스와 윌리엄 해밀턴이 주도한 일대 혁명이 일어났다. 리처드 도킨스의 '이기적 유전자'라는 개념으로 널리 알려지게 된 이 혁명의 골자는, 어떤 개체의 행동을 결정하는 일관된 기준은 그 소속 집단이나 가족의 이익도 아니고 그 개체 자신의 이익도 아니고, 오로지 유전자의 이익이라는 것이다. 이 주장은 많은 사람들에게 충격으로 다가왔다. 인간은 또 하나의 동물일 뿐 아니라, 자신의 이익을 추구하는 유전자들로 구성된 협의체의 도구이자 일회용 노리개에 불과하다는 주장으로 이해되었기 때문이다. 그러나 '이기적 유전자' 혁명이 전하는 메시지는 인간이 철저하게 냉혹한 이기주의자라는 것이 아니다. 사실은 정반대이다. 그것은 오히려 인간이 왜 때로 이타적이고 다른 사람들과 잘 협력하는가를 잘 설명해 준다. 인간의 이타성과 협력이 유전자의 이익에도 도움이 되기 때문이다.

① 인간은 유전자의 이익에 따라 행동한다.

② 인간은 때로 이타적인 행동을 하기도 하고, 다른 사람과 협력을 하기도 한다.

③ '이기적인 유전자' 혁명은 인간이 유전자 때문에 철저하게 이기적으로 행동한다고 주장한다.

④ 유전자의 이익이라는 관점에서 인간의 이타적인 행동을 설명할 수 있다.

64. 다음 글의 연결 순서로 가장 자연스러운 것은?

(가) "인력이 필요해서 노동력을 불렀더니 사람이 왔더라."라는 말이 있다. 인간을 경제적 요소로만 단순하게 생각했으나, 이에 따른 인권문제, 복지문제, 내국인과 이민자와의 갈등 등이 수반된다는 말이다. 프랑스처럼 우선 급하다고 이민자를 선별하지 않고 받으면 인종갈등과 이민자의 빈곤화 등 많은 사회비용이 발생한다.

(나) 이제 다문화정책의 패러다임을 전환해야 한다. 한국에 들어온 다문화가족을 적극적으로 전환해야 한다. 다문화가족과 더불어 살면서 다양성과 개방성을 바탕으로 상생의 발전을 도모해야 한다. 그리고 결혼 이민자만 다문화가족으로 볼 것이 아니라 외국인 근로자와 유학생, 북한 이탈 주민까지 큰 틀에서 함께 보는 것도 필요하다.

(다) 다문화정책의 핵심은 두 가지이다. 첫째, 새로운 사회에 적응하려는 의지가 강해서 언어 배우기, 일자리, 문화 이해에 매우 적극적인 태도를 지닌 좋은 인력을 선별해서 입국하도록 하는 것이다. 둘째, 이민자가 새로운 사회에 잘 정착할 수 있도록 사회통합에 주력해야 하는 것이다. 해외 인구 유입 초기부터 사회비용을 절약할 수 있는 사람들을 들어오게 하는 것이 중요하기 때문이다.

(라) 이미 들어온 이민자에게는 적극적인 지원을 해야 한다. 언어와 문화, 환경이 모두 낯선 이민자에게는 이민 초기에 세심한 배려가 필요하다. 특히, 중요한 것은 다문화가족이 그들이 가지고 있는 강점을 활용하여 취약 계층이 아닌 주류층으로 설 수 있도록 지원해야 한다. 뿐만 아니라 이민자에 대한 지원시기를 놓치거나 차별과 편견으로 내국인에게 증오감을 갖게 해서는 안 된다.

① (라) – (나) – (다) – (가)

② (다) – (나) – (라) – (가)

③ (라) – (다) – (나) – (가)

④ (다) – (가) – (라) – (나)

65. 다음 글의 중심 내용으로 가장 적절한 것은?

분노는 공격과 복수의 행동을 유발한다. 분노 감정의 처리에는 '눈에는 눈, 이에는 이'라는 탈리오 법칙이 적용된다. 분노의 감정을 느끼게 되면 상대방에 대해 공격적인 행동을 하고 싶은 충동이 일어난다. 동물의 경우, 분노를 느끼면 이빨을 드러내게 되고 발톱을 세우는 등 공격을 위한 준비 행동을 나타내게 된다. 사람의 경우에도 분노를 느끼면 자율신경계가 활성화되고 눈매가 사나워지며 이를 꽉 깨물고 주먹을 불끈 쥐는 등 공격 행위와 관련된 행동들이 나타나게 된다. 특히 분노 감정이 강하고 상대방이 약할수록 공격 충동은 행동화되는 경향이 있다.

① 공격을 유발하게 되는 원인
② 분노가 야기하는 행동의 변화
③ 탈리오 법칙의 정의와 실제 사례
④ 동물과 인간의 분노 감정의 차이

66. 괄호 안에 들어갈 말로 가장 적절한 것은?

모든 학문은 나름대로 고유한 대상영역이 있습니다. 법률을 다루는 학문이 법학이며, 경제현상을 대상으로 삼는 것이 경제학입니다. 물론 그 영역을 보다 더 세분화하고 전문화시켜 나갈 수 있습니다. 간단히 말하면, 학문이란 일정 대상에 관한 보편적인 기술(記述)을 부여하는 것이라고 해도 좋을 것입니다. 우리는 보편적인 기술을 부여함으로써 그 대상을 조작·통제할 수 있습니다. 물론 그러한 실천성만이 학문의 동기는 아니지만, 그것을 통해 학문은 사회로 향해 열려 있는 것입니다.

여기에서 핵심 낱말은 (   )입니다. 결국 학문이 어떤 대상의 기술을 목표로 한다고 해도, 그것은 기술하는 사람의 주관에 좌우되지 않고, 원리적으로는 "누구에게도 그렇다."라는 식으로 이루어져야 합니다. "나는 이렇게 생각한다."라는 것만으로는 불충분하며, 왜 그렇게 말할 수 있는가를 논리적으로 누구나가 알 수 있는 방법으로 설명하고 논증할 수 있어야 합니다.

그것을 전문용어로 '반증가능성(falsifiability)'이라고 합니다. 즉 어떤 지(知)에 대한 설명도 같은 지(知)의 공동체에 속한 다른 연구자가 같은 절차를 밟아 그 기술과 주장을 재검토할 수 있고, 경우에 따라서는 반론하고 반박하고 갱신할 수 있도록 문이 열려 있어야 합니다.

① 전문성 　　　② 자의성
③ 정체성 　　　④ 보편성

67. 다음 글의 중심 생각으로 가장 적절한 것은?

진(秦)나라 재상인 상앙(商鞅)에게는 유명한 일화가 있지요. 진나라 재상으로 부임한 상앙은 나라의 기강이 서지 않았음을 걱정했습니다. 그는 대궐 남문 앞에 나무를 세우고 방문(榜文)을 붙였지요. "이 나무를 옮기는 사람에게는 백금(百金)을 하사한다." 옮기는 사람이 아무도 없었습니다. 그래서 다시 상금을 만금(萬金)으로 인상했습니다. 어떤 사람이 상금을 기대하지도 않고 믿질 것도 없으니까 장난삼아 옮겼습니다. 그랬더니 방문에 적힌 대로 만금을 하사하였습니다. 그랬더니 백성들이 나라의 정책을 잘 따르게 되고 진나라가 부국강병에 성공하는 것으로 되어 있습니다.

① 신뢰의 중요성
② 부국강병의 가치
③ 우민화 정책의 폐해
④ 명분을 내세운 정치의 효과

68. 다음 글이 설명하고자 하는 것은?

구비문학에서는 기록문학과 같은 의미의 단일한 작품 내지 원본이라는 개념이 성립하기 어렵다. 윤선도의 '어부사시사'와 채만식의 '태평천하'는 엄밀하게 검증된 텍스트를 놓고 이것이 바로 그 작품이라 할 수 있지만, '오누이 장사 힘내기' 전설이라든가 '진주 낭군' 같은 민요는 서로 조금씩 다른 종류의 구연물이 다 그 나름의 개별적 작품이면서 동일 작품의 변이형으로 인정되기도 하는 것이다. 이야기꾼은 그의 개인적 취향이나 형편에 따라 설화의 어떤 내용을 좀 더 실감 나게 손질하여 구연할 수 있으며, 때로는 그 일부를 생략 혹은 변경할 수 있다. 모내기할 때 부르는 '모노래'는 전승적 가사를 많이 이용하지만, 선창자의 재간과 그때그때의 분위기에 따라 새로운 노래 토막을 끼워 넣거나 일부를 즉흥적으로 개작 또는 창작하는 일도 흔하다.

① 구비문학의 현장성
② 구비문학의 유동성
③ 구비문학의 전승성
④ 구비문학의 구연성

69. 괄호 안에 들어갈 말로 가장 적절한 것은?

> 현대 자본주의 사회에서 대중은 예술미보다 상품미에 더 민감하다. 상품미란 이윤을 얻기 위해 대량으로 생산하는 상품이 가지는 아름다움을 의미한다. (　　　)라고, 요즈음 생산자는 상품을 많이 팔기 위해 디자인과 색상에 신경을 쓰고, 소비자는 같은 제품이라도 겉모습이 화려하거나 아름다운 것을 구입하려고 한다. 결국 우리가 주위에서 보는 거의 모든 상품은 상품미를 추구하고 있다. 그래서인지 모든 것을 다 상품으로 취급하는 자본주의 사회에서는 돈벌이를 위해서라면 모든 사물, 심지어는 인간까지도 상품미를 추구하는 대상으로 삼는다.

① 같은 값이면 다홍치마
② 술 익자 체 장수 지나간다
③ 원님 덕에 나팔 분다
④ 구슬이 서 말이라도 꿰어야 보배

70. 다음 글의 중심 내용은?

> 헤르만 헤세는 어느 책이 유명하다거나 그것을 모르면 수치스럽다는 이유만으로 그 책을 무리하게 읽으려는 것은 참으로 그릇된 일이라 했다. 그는 이어서, "그렇게 하기보다는 모든 사람은 자기에게 자연스러운 면에서 읽고, 알고, 사랑해야 할 것이다. 어느 사람은 학생 시절의 초기에 벌써 아름다운 시구의 사랑을 자기 안에서 발견할 수 있으며, 혹은 어느 사람은 역사나 자기 고향의 전설에 마음이 끌리게 되고 또는 민요에 대한 기쁨이나 우리의 감정이 정밀하게 연구되고 뛰어난 지성으로써 해석된 것에 독서의 매력 있는 행복감을 가질 수 있을 것이다."라고 말한 바 있다.

① 문학 작품을 많이 읽으면 정서 함양에 도움이 된다.
② 학생 시절에 고전과 명작을 많이 읽어 교양을 쌓아야 한다.
③ 남들이 읽어야 한다고 말하는 책보다 자신이 읽고 싶은 책을 읽는 것이 좋다.
④ 자신이 속한 사회의 역사나 전설에 관한 책을 읽으면 애향심을 기를 수 있다.

>> 응용수리력(20문항/12분)

71. 양의 정수 x를 10배 한 수는 50보다 크고, x를 5배 한 수에서 20을 뺀 수는 40보다 작을 때, x값 중 가장 큰 값은?

① 14
② 13
③ 12
④ 11

72. $x^2 - 11x + 33 = (x-5)Q(x) + R$이 x에 대한 항등식일 때, 상수 R의 값을 구하면? (단, $Q(x)$는 다항식이다.)

① 2
② 3
③ 4
④ 5

73. 일의 자리의 숫자가 5인 두 자리 자연수에서 십의 자리와 일의 자리 숫자를 바꾸면 원래의 수의 4배보다 9가 작다. 다음 중 이 자연수의 십의 자리 수는?

① 1
② 3
③ 5
④ 7

74. 영수의 집에서 동쪽에 5m/min의 속력으로 3분 거리에 은행이 있고, 은행에서 3분 거리에 소방서가 있고, 소방서에서 3분 거리에 우체국이 있다. 그리고 영수의 집에서 서쪽에 동일한 속력으로 5분 거리에 철수의 집이 있고, 철수의 집에서 5분 거리에 주민센터가 있고, 주민센터에서 5분 거리에 경찰서가 있고, 경찰서에서 5분 거리에 중학교가 있다. 다음 중 10m/min의 속력으로 경찰서에서 소방서까지 가는 데 걸리는 시간은? (단, 모든 건물은 일직선 상에 존재한다.)

① 9분 30초
② 10분
③ 10분 30초
④ 11분

75. 99명의 사람이 8명씩 앉으면 3명의 자리가 남는 긴 의자에 10명씩 앉으면 남는 의자는 몇 개인가?

① 1개
② 2개
③ 3개
④ 4개

76. A중학교의 1학년 수학 점수의 평균은 다음과 같다. 다음 중 1학년 전체의 수학 점수의 평균은? (단, 소수 셋째자리에서 반올림한다.)

	1반	2반	3반	4반	5반	6반
평균 점수	70	75	80	75	72	71
학생 수	26	25	28	26	27	29

① 71.57　　　　　　② 73.84

③ 75.18　　　　　　④ 77.95

77. A 혼자서 30일, B 혼자서 40일이 걸리는 일이 있다. 함께 작업을 시작하여 중간에 A가 그만두고 B가 나머지 일을 끝마쳐 총 30일이 걸렸다면 공동으로 작업한 기간은?

① 6.5일　　　　　　② 7일

③ 7.5일　　　　　　④ 8일

78. 15%의 소금물과 10%의 소금물을 섞어 12%의 소금물 500g을 만들기로 하였다. 다음 중 15%의 소금물의 무게는?

① 200g　　　　　　② 250g

③ 300g　　　　　　④ 350g

79. 현재 아버지의 나이는 형의 나이의 3배이며, 형의 나이는 동생의 나이의 2배이다. 4년 전에 아버지의 나이가 형의 나이의 4배일 때, 아버지와 동생의 나이 차는?

① 24　　　　　　　② 26

③ 28　　　　　　　④ 30

80. 50L의 물통을 가득 채우는 데 2분 30초가 걸린다. 같은 속도로 400L의 물통을 10분 동안 채울 때, 전체의 몇 %가 채워지겠는가?

① 45%　　　　　　② 50%

③ 55%　　　　　　④ 60%

81. 원가가 3,000원인 제품을 50% 수익을 남길 목적으로 100개를 구매했다. 이 중 10개를 홍보 목적으로 개봉하여 판매할 수 없을 때, 나머지 제품을 판매하여 기존의 목표 수익을 달성하기 위해 개당 얼마에 판매해야 하는가?

① 4,580원　　　　　② 4,680원

③ 4,780원　　　　　④ 4,880원

82. A, B, C 자연수의 합이 100일 때, B가 40이라면 나머지 두 수의 차이의 최댓값은?

① 58　　　　　　　② 56

③ 54　　　　　　　④ 52

83. 갑이 걷는 속도는 을보다 1.1배 빠르고, 병이 걷는 속도는 갑보다 0.9배 빠르다. 정이 걷는 속도가 병보다 1.2배 빠를 때, 동시에 출발하여 동일한 시간 동안 이동 거리가 가장 짧은 사람은?

① 갑　　　　　　　② 을

③ 병　　　　　　　④ 정

84. 수요일에 비가 오고, 금요일에 비가 올 확률은 $\frac{5}{18}$ 이다. 비가 온 다음 날 비가 올 확률은 $\frac{1}{3}$ 일 때, 비가 오지 않은 다음 날 비가 올 확률은?

① $\frac{1}{4}$　　　　　　② $\frac{1}{5}$

③ $\frac{1}{6}$　　　　　　④ $\frac{1}{7}$

85. A와 B는 자유투 한 번으로 음료수 내기를 하고 있다. A가 골을 넣을 확률은 70%이고, 무승부가 될 확률은 46%이다. 결국 무승부가 되었다면 B가 골을 못 넣을 확률은 얼마인가?

① 40%　　　　　　② 50%

③ 60%　　　　　　④ 70%

86. A제품의 판매가격은 원가에서 20%를 수익으로 얻을 수 있는 가격이다. 재고를 처리할 목적으로 판매가격에서 20%를 할인한 가격에 판매하기로 하였다. 다음 중 원가 대비 손해의 비율은?

① 3% ② 4%

③ 5% ④ 6%

87. S사는 설문조사를 통해 남자 직원 중 A메신저를 사용하는 비율이 50%에 달하는 것을 확인했다. 총 직원 수는 300명이고, 여성 비율은 62%를 차지한다. 다음 중 전체 직원에 대한 메신저를 사용하는 남자 직원의 비율은?

① 15% ② 17%

③ 19% ④ 21%

88. C학원에서 진행한 모의고사에 응시한 여성 40명의 평균 점수는 76점이었다. 함께 응시한 남성의 평균은 74점이었고 응시자 총 평균은 75점이었을 때, 모의고사에 응시한 남성 수는?

① 40명 ② 45명

③ 50명 ④ 55명

89. 주사위 2개를 던져 나오는 눈의 수를 각각 십의 자리, 일의 자리의 숫자로 만들 때, 45보다 크고 54보다 작은 정수의 합은?

① 176 ② 184

③ 198 ④ 202

90. 승우가 혼자 6일, 정우가 혼자 10일이 걸리는 일이 있다. 공동 작업하여 3일 동안 일을 했을 때, 전체 작업량에서 차지하는 비율은?

① 75% ② 80%

③ 85% ④ 90%

>> 단어연상력(20문항 / 10분)

▌91~110▐ 다음에 제시된 9개의 단어 중 관련된 3개의 단어를 통해 유추할 수 있는 것을 고르시오.

91.

엄마, 가시, 화분, 성당, 텀블러, 자전거, 태양, 백년초, 바위

① 선인장 ② 장미

③ 제주도 ④ 해녀

92.

뱀, 계모, 은혜, 두꺼비, 꽃신, 십장생, 선녀, 버섯, 메주

① 사슴 ② 제비

③ 콩쥐 ④ 학

93.

사다리, 묘기, 곰, 비타민, 불, 물, 바람, 모니터, 달력

① 경찰관 ② 소방관

③ 판사 ④ 서커스단

94.

수족관, 제주도, 찬반, 인터뷰, 형광등, 선거, 유리, 표결, 칼슘

① 채용 ② 지우개

③ 투표 ④ 나트륨

95.

핸드폰, 학용품, 이어폰, 학교, 춤, 스티커, 향수, 발라드, 스프레이

① 음악 　　　　　② 냄새
③ 힙합 　　　　　④ 게임

96.

가위, 바위, 머리, 핸드폰, 액세서리, 의자, 샴푸, 바퀴벌레, 유물

① 스마트폰 　　　② 인류
③ 멸종 　　　　　④ 미용사

97.

우산, 금메달, 시계, 화장품, 중금속, 평창, 썰매, 수영, 남자

① 스켈레톤 　　　② 청와대
③ 택시 　　　　　④ 승마

98.

카메라, 공장, 면허증, 경찰, 여권, 민원, 트랙, 약국, 의사

① 자동차 　　　　② 여행
③ 병원 　　　　　④ 사진

99.

아시아, 밀라노, 일본, 수영, 영화, 홍수, 다 빈치, 지중해, 미국

① 프랑스 　　　　② 미술
③ 이탈리아 　　　④ 중국

100.

관광, 제주도, 출산율, 적금, 예멘, 전쟁, 가장, 부담, 부자

① 가난 　　　　　② 기부
③ 난민 　　　　　④ 망명

101.

금, 메달, 도자기, 플라스틱, 손톱, 치장, 헬멧, 마우스, 그림

① 무형문화재 　　② 컴퓨터
③ 오토바이 　　　④ 네일아트

102.

알약, 주전자, 구두, 옛날이야기, 선글라스, 산신령, 도로, 연못, 컴퓨터

① 곶감 　　　　　② 호랑이
③ 사탕 　　　　　④ 도끼

103.

기차, 연휴, 주유소, 내비게이션, 축척, 김정호, 미국, 실크로드, 중국

① 자동차 　　　　② 지도
③ 콜럼버스 　　　④ 항해

104.

범죄, 병원, 생각, 법정, 바위, 막대기, 거짓, 종교, 강아지

① 간호사 　　　　② 행정사
③ 변호사 　　　　④ 관리인

105.

호두, 미용실, 닭, 커튼, 튀김, 액자, 와인, 식탁, 맥주

① 아몬드　　　　　　　② 소풍
③ 치킨　　　　　　　　④ 야구

106.

밀가루, 대전, 배, 종이, 옹심이, 제과점, 샐러드, 단팥, 비행기

① 팥빙수　　　　　　　② 빵
③ 국수　　　　　　　　④ 죽

107.

판문점, 여의도, 정치, 은행, 문화, 문희상, 변호사, 강남, 영화

① 국회　　　　　　　　② 방송국
③ 뉴스　　　　　　　　④ 북한

108.

생일, 개업, 사군자, 화분, 장미, 그림, 술, 간판, 역사

① 난초　　　　　　　　② 사업
③ 선물　　　　　　　　④ 손님

109.

에어컨, 인천, 도시, 비행기, 여권, 회사, 여름, 추억, 사랑

① 친구　　　　　　　　② 공항
③ 전기　　　　　　　　④ 선풍기

110.

국회의원, 탐정, 신문, 공원, 왓슨, 평양, 런던, 증권, 날씨

① 여의도　　　　　　　② 셜록홈즈
③ 돋보기　　　　　　　④ 비밀

>> 직무해결력(20문항 / 18분)

▌111~112▌ 다음은 한국의 8월 기온을 나타낸 지도이다. 물음에 답하시오.

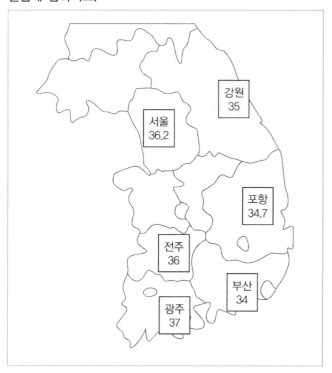

111. 다음은 폭염에 관한 기상특보 발표기준이다. 위 지도에 나타난 기온이 3일 이상 지속될 때, 폭염주의보에 해당하는 도시와 폭염경보에 해당하는 도시로 바르게 짝지어진 것은?

구분		내용
폭염	주의보	6월~9월에 일 최고 기온이 33℃ 이상인 상태가 2일 이상 지속될 것으로 예상될 때
	경보	6월~9월에 일 최고 기온이 35℃ 이상인 상태가 2일 이상 지속될 것으로 예상될 때

	폭염주의보 도시	폭염경보 도시
①	전주	서울
②	광주	강릉
③	서울	전주
④	부산	광주

112. 다음은 경훈이네 반에서 임의로 만든 불쾌지수 자료이다. 다음 중 불쾌지수 1, 2단계에 해당하는 도시로 바르게 짝지어진 것은?

불쾌지수 단계	기온(℃)
1	36~40
2	31~35
3	26~30
4	21~25

	불쾌지수 1단계	불쾌지수 2단계
①	부산	강릉
②	광주	포항
③	서울	전주
④	강릉	서울

113. 다음 조건이 모두 참일 때, 매출액을 구하면?

> ㉠ 영업이익은 매출액에서 매출원가와 감가상각비를 차감한 값이다.
> ㉡ 세후순이익은 세전순이익에서 세금을 차감한 금액이다.
> ㉢ 세전순이익에서 이자비용을 더한 값은 영업이익이다.
> ㉣ 세금은 세전순이익의 20%에 해당한다.
> ㉤ 매출액의 80%는 매출원가이다.
> ㉥ 이자비용은 5, 세후순이익은 8이다.
> ㉦ 감가상각비는 이자비용의 3배에 해당한다.

① 130

② 140

③ 150

④ 160

▌114~116▌ 다음은 지역별 대기오염물질 농도 수준과 대기오염경보에 관한 자료이다. 물음에 답하시오.

〈지역별 대기오염물질 농도 수준〉

지역	미세먼지(PM-10)	미세먼지(PM-2.5)	오존
A	$80\mu g/m^3$	$180\mu g/m^3$	0.1ppm
B	$90\mu g/m^3$	$190\mu g/m^3$	0.2ppm
C	$100\mu g/m^3$	$200\mu g/m^3$	0.4ppm
D	$110\mu g/m^3$	$210\mu g/m^3$	0.7ppm

〈대기오염경보 단계별 대기오염물질의 농도 기준〉

대상 물질	경보 단계	발령 기준	해제 기준
미세먼지 (PM-10)	주의보	기상조건 등을 고려하여 해당지역의 대기자동측정소 PM-10 시간당 평균 농도가 150$\mu g/m^3$ 이상 2시간 이상 지속인 때	주의보가 발령된 지역의 기상조건 등을 검토하여 대기자동측정소의 PM-10 시간당 평균농도가 100$\mu g/m^3$미만인 때
	경보	기상조건 등을 고려하여 해당지역의 대기자동측정소 PM-10 시간당 평균농도가 300$\mu g/m^3$ 이상 2시간 이상 지속인 때	경보가 발령된 지역의 기상조건 등을 검토하여 대기자동측정소의 PM-10 시간당 평균농도가 150 $\mu g/m^3$ 미만일 때는 주의보로 전환
미세먼지 (PM-2.5)	주의보	기상조건 등을 고려하여 해당지역의 대기자동측정소 PM-2.5 시간당 평균농도가 90$\mu g/m^3$ 이상 2시간 이상 지속인 때	주의보가 발령된 지역의 기상조건 등을 검토하여 대기자동측정소의 PM-2.5 시간당 평균농도가 50$\mu g/m^3$ 미만인 때
	경보	기상조건 등을 고려하여 해당지역의 대기자동측정소 PM-2.5 시간당 평균농도가 180$\mu g/m^3$ 이상 2시간 이상 지속인 때	경보가 발령된 지역의 기상조건 등을 검토하여 대기자동측정소의 PM-2.5 시간당 평균농도가 90 $\mu g/m^3$ 미만인 때는 주의보로 전환
오존	주의보	기상조건 등을 고려하여 해당지역의 대기자동측정소 오존농도가 0.12ppm 이상인 때	주의보가 발령된 지역의 기상조건 등을 검토하여 대기자동측정소의 오존농도가 0.12ppm 미만인 때
	경보	기상조건 등을 고려하여 해당지역의 대기자동측정소 오존농도가 0.3ppm 이상인 때	경보가 발령된 지역의 기상조건 등을 고려하여 대기자동측정소의 오존농도가 0.12ppm 이상 0.3ppm 미만인 때는 주의보로 전환
	중대 경보	기상조건 등을 고려하여 해당지역의 대기자동측정소 오존농도가 0.5ppm 이상인 때	중대경보가 발령된 지역의 기상조건 등을 고려하여 대기자동측정소의 오존농도가 0.3ppm 이상 0.5ppm 미만인 때는 경보로 전환

※ 해당 지역의 대기자동측정소 PM-10 또는 PM-2.5의 권역별 평균 농도가 경보 단계별 발령기준을 초과하면 해당 경보를 발령할 수 있다.

※ 오존 농도는 1시간당 평균농도를 기준으로 하며, 해당 지역의 대기자동측정소 오존 농도가 1개소라도 경보단계별 발령기준을 초과하면 해당 경보를 발령할 수 있다.

114. 미세먼지(PM-2.5)를 기준으로 할 때, B지역의 미세먼지 경보 단계와 그 해제기준으로 적절한 것은? (단, 해당 지역의 시간당 평균농도가 2시간 이상 지속된 것으로 가정한다.)

	경보 단계	해제 기준($\mu g/m^3$)
①	미세먼지 주의보	150 미만
②	미세먼지 주의보	100 미만
③	미세먼지 경보	90 미만
④	미세먼지 경보	50 미만

115. 다음 중 오존 농도를 기준으로 경보단계가 경보에 해당하는 지역은?

① A   ② B
③ C   ④ D

116. 다음 ㉠, ㉡에 들어갈 말로 적절한 것으로 짝지어진 것은?

> 오존 농도는 (㉠)당 평균농도를 기준으로 하며, 해당 지역의 대기자동측정소 오존 농도가 (㉡)라도 경보단계별 발령기준을 초과하면 해당 경보를 발령할 수 있다.

	㉠	㉡
①	1시간	1개소
②	2시간	2개소
③	3시간	3개소
④	4시간	4개소

117. 다음 〈A국 사업타당성조사 규정〉을 근거로 판단할 때, 〈보기〉에서 옳은 것만을 모두 고르면?

제○○조(예비타당성조사 대상사업) 신규 사업 중 총사업비가 500억 원 이상이면서 국가의 재정지원 규모가 300억 원 이상인 건설사업, 정보화사업, 국가연구개발사업에 대해 예비타당성조사를 실시한다.

제△△조(타당성조사의 대상사업과 실시)
① 제○○조에 해당하지 않는 사업으로서, 국가 예산의 지원을 받아 지자체·공기업·준정부기관·기타 공공기관 또는 민간이 시행하는 사업 중 완성에 2년 이상이 소요되는 다음 각 호의 사업을 타당성조사 대상사업으로 한다.
　1. 총사업비가 500억 원 이상인 토목사업 및 정보화사업
　2. 총사업비가 200억 원 이상인 건설사업
② 제1항의 대상사업 중 다음 각 호의 어느 하나에 해당하는 경우에는 타당성조사를 실시하여야 한다.
　1. 사업추진 과정에서 총사업비가 예비타당성조사의 대상 규모로 증가한 사업
　2. 사업물량 또는 토지 등의 규모 증가로 인하여 총사업비가 100분의 20 이상 증가한 사업

　㉠ 국가의 재정지원 비율이 50%인 총사업비 550억 원 규모의 신규 건설사업은 예비타당성조사 대상이 된다.
　㉡ 민간이 시행하는 사업도 타당성조사 대상사업이 될 수 있다.
　㉢ 지자체가 시행하는 건설사업으로서 사업완성에 2년 이상 소요되며 전액 국가의 재정지원을 받는 총사업비 460억 원 규모의 사업추진 과정에서, 총사업비가 10% 증가한 경우 타당성조사를 실시하여야 한다.
　㉣ 총사업비가 500억 원 미만인 모든 사업은 예비타당성 조사 및 타당성조사 대상사업에서 제외된다.

① ㉠, ㉡　　　　　　② ㉠, ㉢
③ ㉡, ㉢　　　　　　④ ㉡, ㉣

118. 다음 글과 〈선거 결과〉를 근거로 판단할 때 옳은 것은?

○○국 의회의원은 총 8명이며, 4개의 선거구에서 한 선거구당 2명씩 선출된다. 선거제도는 다음과 같이 운용된다.

각 정당은 선거구별로 두 명의 후보 이름이 적힌 명부를 작성한다. 유권자는 해당 선거구에서 모든 정당의 후보 중 한 명에게만 1표를 행사하며, 이를 통해 개별 후보자의 득표율이 집계된다.

특정 선거구에서 각 정당의 득표율은 그 정당의 해당 선거구 후보자 2명의 득표율의 합이다. 예를 들어 한 정당의 명부에 있는 두 후보가 각각 30%, 20% 득표를 했다면 해당 선거구에서 그 정당의 득표율은 50%가 된다. 그리고 각 후보의 득표율에 따라 소속 정당 명부에서의 순위(1번, 2번)가 결정된다.

다음으로 선거구별 2개의 의석은 다음과 같이 배분한다. 먼저 해당 선거구에서 득표율 1위 정당의 1번 후보에게 1석이 배분된다. 그리고 만약 1위 정당의 정당 득표율이 2위 정당의 정당 득표율의 2배 이상이라면, 정당 득표율 1위 정당의 2번 후보에게 나머지 1석이 돌아간다. 그러나 1위 정당의 정당 득표율이 2위 정당의 정당 득표율의 2배 미만이라면 정당 득표율 2위 정당의 1번 후보에게 나머지 1석을 배분한다.

〈선거 결과〉

○○국의 의회의원선거 제1~4선거구의 선거 결과를 요약하면 다음과 같다. 수치는 선거구별 득표율(%)이다.

구분	제1선거구	제2선거구	제3선거구	제4선거구
A정당	41	50	16	39
1번 후보	30	30	12	20
2번 후보	11	20	4	19
B정당	39	30	57	28
1번 후보	22	18	40	26
2번 후보	17	12	17	2
C정당	20	20	27	33
1번 후보	11	11	20	18
2번 후보	9	9	7	15

① A정당은 모든 선거구에서 최소 1석을 차지했다.
② B정당은 모든 선거구에서 최소 1석을 차지했다.
③ C정당 후보가 당선된 곳은 제3선거구이다.
④ 가장 많은 당선자를 낸 정당은 B정당이다.

119. 다음 〈휴양림 요금규정〉과 〈조건〉에 근거할 때, 〈상황〉에서 甲, 乙, 丙일행이 각각 지불한 총요금 중 가장 큰 금액과 가장 작은 금액의 차이는?

〈휴양림 요금규정〉
• 휴양림 입장료(1인당 1일 기준)

구분	요금(원)	입장료 면제
어른	1,000	• 동절기(12월 ~3월)
청소년(만 13세 이상~19세 미만)	600	
어린이(만 13세 미만)	300	• 다자녀 가정

※ '다자녀 가정'은 만 19세 미만의 자녀가 3인 이상 있는 가족을 말한다.
• 야영시설 및 숙박시설(시설당 1일 기준)

구분		요금(원)		비고
		성수기 (7~8월)	비수기 (성수기 외)	
야영시설 (10인 이내)	황토데크(개)	10,000		휴양림 입장료 별도
	캐빈(동)	30,000		
숙박시설	3인용(실)	45,000	24,000	휴양림 입장료 면제
	5인용(실)	85,000	46,000	

※ 일행 중 '장애인'이 있거나 '다자녀 가정'인 경우 비수기에 한해 야영시설 및 숙박시설 요금의 50%를 할인한다.

〈조건〉
• 총요금 = (휴양림 입장료) + (야영시설 또는 숙박시설 요금)
• 휴양림 입장료는 머문 일수만큼, 야영시설 및 숙박시설 요금은 숙박 일수만큼 계산함. (예 : 2박 3일의 경우 머문 일수는 3일, 숙박 일수는 2일)

〈상황〉
• 甲(만 45세)은 아내(만 45세), 자녀 3명(각각 만 17세, 15세, 10세)과 함께 휴양림에 7월 중 3박 4일간 머물렀다. 甲일행은 5인용 숙박시설 1실을 이용하였다.
• 乙(만 25세)은 어머니(만 55세, 장애인), 아버지(만 58세)를 모시고 휴양림에서 12월 중 6박 7일간 머물렀다. 乙일행은 캐빈 1동을 이용하였다.
• 丙(만 21세)은 동갑인 친구 3명과 함께 휴양림에서 10월 중 9박 10일 동안 머물렀다. 丙일행은 황토데크 1개를 이용하였다.

① 40,000원
② 114,000원
③ 125,000원
④ 165,000원

120. 甲그룹은 A~G의 7개 지사를 가지고 있다. 아래에 제시된 조건에 따라, A에서 가장 멀리 떨어진 지사는? (단, 모든 지사는 동일 평면상에 있으며, 지사의 크기는 고려하지 않는다)

• E, F, G는 순서대로 정남북 방향으로 일직선상에 위치하며, B는 C로부터 정동쪽으로 250km 떨어져 있다.
• C는 A로부터 정남쪽으로 150km 떨어져 있다.
• D는 B의 정북쪽에 있으며, B와 D 간의 거리는 A와 C 간의 거리보다 짧다.
• E와 F 간의 거리는 C와 D 간의 직선거리와 같다.
• G는 D로부터 정동쪽으로 350km 거리에 위치해 있으며, A의 정동쪽에 위치한 지사는 F가 유일하다.

① B
② D
③ E
④ F

121. 다음 대화에 나타난 Ms. Lee가 머물게 될 방의 위치는?

Receptionist : Good afternoon, Sillon Hotel. May I help you?
Ms. Lee : Yes. I'd like to book a room, please.
Receptionis : Certainly. When is that for?
Ms. Lee : May the 3rd.
Receptionis : How long will you be staying?
Ms. Lee : Three nights.
Receptionist : What kind of room would you like?
Ms. Lee : Single, please. I'd appreciate it if you could give me a room with a view over the river.
Receptionist : Certainly. I'll just check what we have available. Yes, we have a room on the 10th floor with a really great view.
Ms. Leet : Fine. How much is the charge per night?
Receptionist : Would you like breakfast?
Ms. Lee : No, thanks.
Receptionist : It's Sixty four euro per night excluding VAT.
Ms. Lee : That's fine.
Receptionist : Who'fs the booking for, please?
Ms. Lee : Ms. Lee, that's L-E-E.
Receptionist : Okay, let me make sure I got that : Ms. Lee. Single for May the 3rd, 4th and 5th. Is that correct?
Ms. Lee : It's correct. Thank you.
Receptionist : Let me give you your confirmation number. It's P050305. I'll repeat that P050305. Thank you for choosing Sillion Hotel and have a nice day. Goodbye.
Ms. Lee : Goodbye.

① 13층　　　　　② 12층

③ 11층　　　　　④ 10층

122. A사에 다니는 甲은 해외출장을 준비하면서 항공보안검색에 대한 자료를 보고 같이 출장을 가는 乙에게 설명해 주었다. 다음 중 甲이 잘못 설명한 것은?

목적	항공기 이용승객의 안전하고 편안한 여행과 항공기안전 운항을 위하여 위험성 있는 물건들을 탐지 및 수색하기 위해 보안검색을 실시함
검색 대상	모든 승객 및 휴대수하물
확인 사항	무기류, 폭발물 등 위해물품 소지여부
검색 장비	문형금속탐지장비, 휴대용금속탐지장비, 폭발물탐지기, 엑스선 검색장비(X-Ray Equipment) 등

검색 절차	Step.01	신분증(국제선은 여권), 탑승권을 출국장 진입 전 보안검색요원에게 보여주세요.
	Step.02	보안검색을 받기 전에 반입금지 위해물품 또는 액체류 물질을 소지하고 있는 경우 보안검색 요원 또는 안내요원에게 알려주세요.
	Step.03	휴대물품(가방, 핸드백, 코트, 노트북 등)을 엑스레이 검색대 벨트 위에 올려놓으세요. TIP! 휴대폰, 지갑은 가방에 미리 넣으시고 검색대 벨트 위에 올리시면 도난 및 분실을 예방할 수 있습니다. 소지품(휴대폰, 지갑, 열쇠, 동전 등)은 엑스레이 검색을 위해 바구니에 넣어 주세요.
	Step.04	Step.04 소지품(휴대폰, 지갑, 열쇠, 동전 등)은 엑스레이 검색을 위해 바구니에 넣어 주세요. TIP! 보안등급 상향 시 신발과 외투를 벗는 보안검색이 실시됩니다.
	Step.05	문형금속탐지기 통과 후 보안 검색요원이 검색을 실시합니다.

① 항공보안검색은 항공기안전운항을 위해 위험성 있는 물건들을 탐지하기 위한 거래.

② 모든 승객 및 휴대수하물은 물론 위탁수하물도 항공보안검색의 대상이 돼.

③ 국제선은 보안검색요원에게 신분증 대신 여권을 보여줘야 해.

④ 보안등급 상향 시 보안검색 때 신발과 외투를 벗어야 한다는군.

123. 다음은 주차장별 요금에 관한 자료이다. 이에 대한 설명 중 옳지 않은 것은?

주차장 ＼ 요금	기본 요금	추가 요금
A	1시간 5,000원	초과 1시간당 3,000원
B	2시간 9,000원	초과 1시간당 2,500원
C	3시간 11,000원	초과 1시간당 2,000원

① 3시간을 주차한다면 주차장 A와 C의 요금은 동일하다.

② 4시간을 주차한다면 주차장 C의 요금이 가장 저렴하다.

③ 주차장 B의 기본 요금을 2시간에 7,000원으로 인하한다면 5시간 주차 시, 세 주차장 중 요금이 가장 저렴하다.

④ 주차장 C의 추가 요금을 초과 1시간당 2,500원으로 인상한다면 6시간 주차 시, 세 주차장 중 요금이 가장 비싸다.

124. 다음은 2018년 7월 20일 오전 인천공항 제1여객터미널의 공항 예상 혼잡도에 대한 자료이다. 자료를 잘못 분석한 것은?

(단위 : 명)

시간	입국장				출국장			
	A/B	C	D	E/F	1/2	3	4	5/6
0~1시	0	714	0	0	0	0	471	0
1~2시	0	116	0	0	0	0	350	0
2~3시	0	0	0	0	0	0	59	0
3~4시	0	0	0	0	0	0	287	0
4~5시	0	998	0	0	0	0	1,393	0
5~6시	0	1,485	1,298	0	0	0	3,344	0
6~7시	1,573	1,327	1,081	542	714	488	2,261	739
7~8시	3,126	549	132	746	894	1,279	1,166	1,778
8~9시	978	82	82	1,067	1,110	1,432	1,371	1,579
9~10시	1,187	376	178	1,115	705	955	1,374	1,156
10~11시	614	515	515	140	724	911	1,329	1,344
11~12시	1,320	732	1,093	420	747	851	1,142	1,024
합계	8,798	6,894	4,379	4,030	4,894	5,916	14,547	7,620

① 이날 오전 가장 많은 사람이 이용한 곳은 출국장 4이다.

② 이날 오전 출국장을 이용한 사람은 입국장을 이용한 사람보다 많다.

③ 9~12시 사이에 출국장 1/2를 이용한 사람 수는 이날 오전 출국장 1/2를 이용한 사람 수의 50% 이상이다.

④ 입국장 A/B와 출국장 5/6은 가장 혼잡한 시간대가 동일하다.

125. 다음은 집에서 대중교통을 이용해 일산병원까지 이동하는 교통편을 정리한 자료이다. 집에서 9:00에 출발하여 더 빠른 대중교통을 이용한 도착 시간과 두 방법으로 소요된 시간의 차이는? (단, 대중교통을 기다리는 시간은 없다고 가정한다.)

1. 지하철 이용 시

집 — 도보 20분 — 대화역 — 지하철 21분 — 백석역 — 도보 7분 — 일산병원

2. 버스 이용 시

집 — 도보 15분 — 일산서구청 정류장 — 버스 23분 — 일산병원 정류장 — 도보 2분 — 일산병원

	더 빠른 대중교통을 이용한 도착 시간	두 방법으로 소요된 시간의 차이
①	9:45	11분
②	9:43	10분
③	9:42	9분
④	9:40	8분

126. 다음은 D사에서 판매하는 사무용품에 관한 자료이다. 다음 사례 중 가장 지출이 적은 사람은?

〈사무용품 가격〉

	개수	정가
프린터 토너	1통	50,000원
A4 용지	1박스	30,000원
볼펜	1다스	5,000원
수정액	1개	3,000원
테이프	1개	2,000원
메모지	1개	1,000원

※ 20,000원 이상 구매 시 정가의 20% 할인

※ A카드로 20,000원 이상 결제 시 2,000원 추가 할인

※ 할인 혜택은 중복 적용 가능

※ 배송 지연 시 하루에 5,000원씩 추가 비용이 발생

〈사무용품 지출 사례〉

㉠ 운재 : 볼펜 3다스, 테이프 10개의 금액을 무통장 입금하였고, 배송이 하루 지연

㉡ 성운 : A4용지 1박스, 메모지 5개의 금액을 A카드로 결제하였고, 배송이 이틀 지연

㉢ 영주 : 프린터 토너 1통, 수정액 2개, 메모지 4개의 금액을 현금으로 지불하였고, 배송 당일 수령

㉣ 준하 : 볼펜 2다스, 수정액 4개, 메모지 2개의 금액을 B카드로 결제하였고, 배송 하루 지연

① 운재

② 성운

③ 영주

④ 준하

▌127~128 ▌ 다음은 단체복 제작 업체의 단가표이다. 물음에 답하시오.

〈축구 유니폼〉		
	반팔	긴팔
한국	20,000원	25,000원
스페인	21,000원	26,000원
독일	22,000원	27,000원
브라질	23,000원	28,000원

〈동물 옷〉		
	반팔	긴팔
강아지	15,000원	18,000원
고양이	16,000원	19,000원
펭귄	17,000원	20,000원
팬더	18,000원	21,000원

〈칼라 티셔츠〉		
	반팔	긴팔
흰색	16,000원	19,000원
검은색	16,000원	19,000원
회색	17,000원	20,000원
남색	17,000원	20,000원

〈무지 티셔츠〉		
	반팔	긴팔
흰색	9,000원	11,000원
검은색	9,000원	11,000원
회색	10,000원	12,000원
남색	10,000원	12,000원

〈린넨 셔츠〉		
	반팔	긴팔
흰색	15,000원	18,000원
검은색	15,000원	18,000원
회색	16,000원	19,000원
남색	16,000원	19,000원

※ 모든 단가는 1장 기준 가격
※ 제작되는 모든 단체복은 FREE 사이즈
※ 30장 이상 구매 시 20% 할인 혜택

127. 다음은 세정이네 반이 이번 체육대회를 맞이하여 구매하기로 한 단체복 투표 결과이다. 5가지의 후보 중 득표수에 따라 옷을 선정할 때, 가장 많은 득표를 한 단체복은? (단, 남학생은 총 17명, 여학생은 14명이고, 기권 표는 없다.)

	축구 유니폼	동물 옷	칼라 티셔츠	무지 티셔츠	린넨 셔츠
남학생	7표	3표	5표	1표	1표
여학생	2표	3표	4표	3표	2표

① 축구 유니폼
② 칼라 티셔츠
③ 축구 유니폼, 카라 티셔츠
④ 동물 옷, 무지 티셔츠

128. 다음은 최종적으로 선택된 단체복 투표 결과이다. 단체복 구매에 지불할 총 금액은 얼마인가? (단, 총 학생 수는 31명이고, 기권 표는 없다.)

	축구 유니폼	축구 유니폼	칼라 티셔츠	칼라 티셔츠
	독일, 긴팔	스페인, 반팔	흰색, 긴팔	회색, 반팔
남학생	4표	5표	3표	5표
여학생	3표	2표	5표	4표

① 421,600원
② 434,500원
③ 442,400원
④ 457,300원

129. 사내 냉방 효율을 위하여 충별 에어컨 수와 종류를 조정하려고 한다. 버리는 구형 에어컨과 구입하는 신형 에어컨을 최소화할 때, A상사는 신형 에어컨을 몇 대 구입해야 하는가?

사내 냉방 효율 조정 방안		
적용 순서	조건	미충족 시 조정 방안
1	층별 월 전기료 60만 원 이하	구형 에어컨을 버려 조건 충족
2	구형 에어컨 대비 신형 에어컨 비율 1/2 이상 유지	신형 에어컨을 구입해 조건 충족

※ 구형 에어컨 1대의 월 전기료는 4만원이고, 신형 에어컨 1대의 월 전기료는 3만원이다.

사내 냉방시설 현황						
	1층	2층	3층	4층	5층	6층
구형	9	15	12	8	13	10
신형	5	7	6	3	4	5

① 1대   ② 2대

③ 3대   ④ 4대

130. 무역상사 영업팀에 근무 중인 당신은 상사인 과장님과의 파리 출장스케줄을 조율하는 업무를 맡아 처리해야 한다. 항공편을 알아보던 도중 "속보입니다. 중국과 러시아 간의 천연 가스 갈등이 카자흐스탄 내전으로 확대되는 형국입니다. 현재 카자흐스탄 전역이 내전에 휘말렸으며, 이에 따라 카자흐스탄 영공을 지나가는 항공편의 안전이 위협받고 있습니다."라는 뉴스를 들었을 때, 당신이 해야 할 행동으로 가장 적절한 것은?

〈예약 가능한 비행기 스케줄〉

항 공 편	ICN, 서울 (현지 시간 기준)		CDG, 파리 (현지 시간 기준)		경유 여부
240	출발	7/1 09:30	출발	7/1 16:30	1회 (핀란드 헬싱키)
	도착	7/5 08:00	도착	7/4 11:00	
241	출발	7/1 10:30	출발	7/1 16:00	직항
	도착	7/5 07:30	도착	7/4 12:00	
501	출발	7/1 12:00	출발	7/1 21:00	1회 (중국 홍콩)
	도착	7/5 09:30	도착	7/4 10:30	

※ 항공료 : 240편- 1,120,000원, 241편- 1,400,000원, 501편-
1,008,000원

※ 서울과 파리 간 시차는 서울이 7시간 빠르다.

※ 같은 항공편 안에서 소용되는 비행시간은 동일하다.

① 240 항공편을 예약한다.

② 241 항공편을 예약한다.

③ 501 항공편을 예약한다.

④ 현재 상황을 과장님에게 보고하고 출장스케줄을 조정한다.

KT그룹

종합인적성검사

인문계

제 3 회	영 역	지각정확력, 언어추리력, 판단력, 응용수리력, 단어연상력, 직무해결력
	문항수	130문항
	시 간	65분
	비 고	객관식 4지선다형

SEOWONGAK
(주)서원각

〉〉 지각정확력(30문항/6분)

▌1~5▐ 아래의 기호/문자 무리 중 각각의 문제에서 제시된 것이 몇 개인지 고르시오.

딸깍	쌩쌩	철컥	딸깍	철컥	찰랑
또각	퍽퍽	휘릭	지글	곰곰	또각
지글	또각	쨍쨍	촉촉	퍽퍽	딸깍
찰랑	촉촉	딸깍	휘릭	쌩쌩	또각
쌩쌩	휘릭	퍽퍽	또각	지글	촉촉
퍽퍽	철컥	쨍쨍	찰랑	딸깍	철컥

1.

촉촉

① 2개　　　　　　② 3개
③ 4개　　　　　　④ 5개

2.

곰곰

① 0개　　　　　　② 1개
③ 2개　　　　　　④ 3개

3.

찰랑

① 2개　　　　　　② 3개
③ 4개　　　　　　④ 5개

4.

쨍쨍

① 2개　　　　　　② 3개
③ 4개　　　　　　④ 5개

5.

철컥

① 2개　　　　　　② 3개
③ 4개　　　　　　④ 5개

▌6~10▐ 아래의 기호/문자 무리 중 각각의 문제에서 제시된 것이 몇 개인지 고르시오.

6.

♫

① 1개　　　　　　② 2개
③ 3개　　　　　　④ 4개

7.

ヲ:

① 1개　　　　② 2개
③ 3개　　　　④ 4개

8.

♩

① 1개　　　　② 2개
③ 3개　　　　④ 4개

9.

♯

① 1개　　　　② 2개
③ 3개　　　　④ 4개

10.

♫

① 1개　　　　② 2개
③ 3개　　　　④ 4개

▌11~15▐ 아래의 기호/문자 무리 중 각각의 문제에서 제시된 것이 몇 개인지 고르시오.

س	ص	ب	ق	ج	س
ب	ج	س	غ	ي	غ
ط	غ	ل	ط	ق	ط
ق	ل	ج	ك	ل	ص
ي	ك	ص	س	غ	ج
ق	ي	ق	ي	ك	ب

11.

ط

① 0개　　　　② 1개
③ 2개　　　　④ 3개

12.

ق

① 4개　　　　② 5개
③ 6개　　　　④ 7개

13.

ص

① 1개　　　　② 2개
③ 3개　　　　④ 4개

14.

ل

① 1개　　　　② 2개
③ 3개　　　　④ 4개

15.

ك

① 0개　　　　② 1개
③ 2개　　　　④ 3개

16~20 각 문제의 보기 중 아래의 기호/문자 무리에 제시되지 않은 것을 고르시오.

⊕	♯	⌘	⊤	♯	◊
⊠	⊠	⊠	◉	★	⊟
⏳	⊟	⊠	⊞	⊠	▦
⌘	⊠	▦	◊	⊕	⊠
◊	⊠	Φ	Ψ	◎	⊠
◎	⊕	¢	◇	⌘	◎

16.
① ⊟ ② ☒
③ ⊠ ④ ⊞

17.
① Ⅰ ② ⊤
③ ♯ ④ Ψ

18.
① ⊡ ② ⊠
③ ⊠ ④ ⊠

19.
① ◡ ② Φ
③ ⊕ ④ ❋

20.
① ¢ ② ◇
③ ⌘ ④ ⚠

21~25 각 문제의 보기 중 아래의 기호/문자 무리에 제시되지 않은 것을 고르시오.

③	❸	⑨	❻	❽	⓪
④	③	5	3	❾	❼
5	6	②	④	7	⑤
❶	⑧	③	❹	②	②
⓪	⑦	8	4	8	⑥
7	9	9	⑨	❻	②

21.
① ① ② ③
③ ⑤ ④ ⑦

22.
① ❾ ② ❿
③ ❻ ④ ❸

23.
① ② ② ⑨
③ ⑨ ④ 7

24.
① ④ ② 4
③ ❹ ④ 4

25.
① ⑥ ② ❼
③ ⑤ ④ 2

┃26~30┃ 각 문제의 보기 중 아래의 기호/문자 무리에 제시되지 않은 것을 고르시오.

ᚠ	ᚾ	ᚴ	ᚪ	ᛗ	ᚦ
ᚳ	ᚻ	ᚼ	ᚺ	ᚢ	ᚨ
ᛤ	ᚺ	ᚦ	ᛒ	ᛔ	ᚴ
ᛘ	ᛉ	ᛘ	ᚹ	ᚦ	ᚥ
ᛦ	ᚥ	ᛁ	ᛏ	ᚤ	ᚬ
ᛏ	ᛮ	ᛤ	ᚴ	ᚥ	ᛘ

26.
① ᚠ
② ᚼ
③ ᚨ
④ ᚨ

27.
① ᛘ
② ᛒ
③ ᚱ
④ ᚴ

28.
① ᚦ
② ᛘ
③ ᚷ
④ ᚴ

29.
① ᛁ
② ᚤ
③ ᚼ
④ ᛏ

30.
① ᚦ
② ᚼ
③ ᚥ
④ ᚤ

>> 언어추리력(20문항/7분)

┃31~32┃ 아래 문제의 〈보기 1〉을 참조하여 〈보기 2〉에 제시된 문장에 대해 진위를 판단하시오.

31.

〈보기 1〉
• 어떠한 사원은 업무의 능력이 좋다.
• 모든 사원은 직무교육을 받는다.

〈보기 2〉
• 직무교육을 받은 어떠한 사원은 업무능력이 좋다.

① 참
② 거짓
③ 알 수 없음

32.

〈보기 1〉
• 전체 약은 쓰다.
• 약 종류에 따라 아이들은 좋아한다.

〈보기 2〉
• 아이들은 약을 싫어한다.

① 참
② 거짓
③ 알 수 없음

33. 아래의 〈조건〉을 읽고, 제시된 내용을 〈조건〉에 비추어서 논리적으로 판단하면?

〈조건〉
- 나이가 동일한 사람은 없다.
- C의 나이는 D의 나이보다 적다.
- F의 나이는 G의 나이보다 적다.
- C와 F의 나이 순위는 바로 인접해 있다.
- B의 나이가 가장 많으며, E의 나이가 가장 적다.
- C의 나이는 A와 F의 나이를 합한 것보다 많다.

- A는 F보다 나이가 적다.

① 참

② 거짓

③ 알 수 없음

┃34~39┃ 아래 문제의 〈보기 1〉을 참조하여 〈보기 2〉에 제시된 문장에 대해 진위를 판단하시오.

34.

〈보기 1〉
- T는 5일(월~금) 동안 학교에 갔다.
- T는 지각을 2번 하였다.
- 지각을 했던 날은 벌금을 냈는데, 월요일에는 벌금을 냈고 수요일에는 벌금을 내지 않았다.

〈보기 2〉
- T가 벌금을 낸 날은 연속되었다.

① 참

② 거짓

③ 알 수 없음

35.

〈보기 1〉
- 모든 수증기는 물이다.
- 모든 물은 투명하다.
- 어떤 물은 차갑다.
- 모든 얼음은 물이다.

〈보기 2〉
- 모든 수증기는 투명하다.

① 참

② 거짓

③ 알 수 없음

36.

〈보기 1〉
- 그림을 잘 그리는 사람은 IQ가 높고, 상상력이 풍부하다.
- 키가 작은 사람은 IQ가 높다.
- 노래를 잘하는 사람은 그림을 잘 그린다.

〈보기 2〉
- 상상력이 풍부하지 않은 사람은 노래를 잘하지 않는다.

① 참

② 거짓

③ 알 수 없음

37.

〈보기 1〉
- A는 수영을 못하지만 B보다 달리기를 잘한다.
- B는 C보다 수영을 잘한다.
- D는 C보다 수영을 못하지만 A보다 달리기를 잘한다.

〈보기 2〉
- C는 D보다 달리기를 잘한다.

① 참

② 거짓

③ 알 수 없음

38.

〈보기 1〉

A는 B의 딸이다.

E와 G는 부부이다.

F는 G의 친손녀이다.

E는 D의 엄마이다.

C는 A와 D의 아들이다.

〈보기 2〉

• B와 E는 사돈지간이다.

---

① 참

② 거짓

③ 알 수 없음

39.

〈보기 1〉

• 어떤 육식동물은 춤을 잘 춘다.

• 모든 늑대는 춤을 잘 춘다.

• 모든 호랑이는 노래를 잘한다.

• 호랑이와 늑대는 육식동물이다.

〈보기 2〉

• 어떤 육식동물은 노래를 잘한다.

---

① 참

② 거짓

③ 알 수 없음

┃40~42┃ 아래의 조건을 보고 각 문제의 내용의 조건에 대한 답을 고르시오.

〈조건〉

• A와 C는 이웃하지 않고 C와 E는 이웃한다.

• A와 B 사이에는 2명이 있다.

• B는 가장 앞에 있지 않는다.

• D는 6 또는 7에 있고 E는 3번에 앉는다.

40.

• C와 D는 이웃해 있다.

---

① 참

② 거짓

③ 알 수 없음

41.

• C가 2번째에 있을 경우 A가 4번째에 있으면 D는 6번째에 있다.

---

① 참

② 거짓

③ 알 수 없음

42.

• C가 4번째에 있을 경우 D가 6번째에 있으면 B와 D는 이웃해 있다.

---

① 참

② 거짓

③ 알 수 없음

┃43~50┃ 아래 문제의 〈보기 1〉을 참조하여 〈보기 2〉에 제시된 문장에 대해 판단하시오.

43.

〈보기 1〉
- 모든 동생은 학생이다.
- 모든 학생은 성인이다.
- 모든 직장인은 성인이다.
- 모든 성인은 사람이다.

〈보기 2〉
- 모든 직장인은 사람이다.

① 참
② 거짓
③ 알 수 없음

44.

〈보기 1〉
- 사원 1 : A, B, C, D 중에서 1명밖에 진급하지 못했다
- 사원 2 : B, G는 모두 떨어졌다.
- 사원 3 : E도 떨어졌다.
- 사원 4 : B, C, D 중 1명만 진급했고, E, F, G 중 1명만 진급했다.

〈보기 2〉
- F는 확실하게 진급하지 못했다.

① 참
② 거짓
③ 알 수 없음

45.

〈보기 1〉
- 패스워드는 짝수로 시작한다.
- 패스워드를 구성하고 있는 어떤 숫자도 소수가 아니다.
- 6과 8 가운데 패스워드에 포함되는 숫자는 한 가지이다.
- 동일한 숫자는 두 번 이상 포함되지 않는다.
- 골라낸 네 가지 숫자를 큰 수부터 차례로 나열하여 패스워드를 만들었다.

〈보기 2〉
- 패스워드는 1을 포함하지만 9는 포함하지 않는다.

① 참
② 거짓
③ 알 수 없음

46.

〈보기 1〉
- A와 B의 나이는 5살 차이이다.
- B는 E보다 3살 연하이다.
- C는 D보다 4살 연상이다.
- D와 A는 2살 차이이다.
- 제일 나이가 많은 사람과 제일 나이가 적은 사람은 8살 차이이다.
- 동갑은 아무도 없다.

〈보기 2〉
- 보기 1에서 나이가 두 번째로 많은 사람은 D이다.

① 참
② 거짓
③ 알 수 없음

47.

〈보기 1〉
- 면접은 오후 1시부터 1시간씩 차이를 두고 시간대별로 진행한다.
- F보다 A가 먼저이다.
- B의 면접시간은 오후 4시이다.
- D가 면접한 바로 전 또는 바로 다음이 C의 면접 순서이다.
- E의 면접시간은 오후 2시는 아니다.

〈보기 2〉
- 지원자 E의 다음 순서가 A의 차례인 경우 A의 면접시간은 오후 3시가 된다.

① 참
② 거짓
③ 알 수 없음

48.

〈보기 1〉
- 다수는 25살이다.
- 다수는 2년 터울의 여동생이 2명 있다.
- 소수는 29살이다.
- 소수는 3년 터울의 여동생이 3명 있다.

〈보기 2〉
- 다수는 소수의 첫째 동생보다는 나이가 많다.

① 참
② 거짓
③ 알 수 없음

49.

〈보기 1〉
- 만약에 흥부가 놀부보다 돈을 잘 번다면 나는 제비여야 한다.
- 나는 제비가 아니다.

〈보기 2〉
- 흥부는 놀부보다 돈을 잘 벌지 못해야 한다.

① 참
② 거짓
③ 알 수 없음

50.

〈보기 1〉
- A사의 3G는 와이파이보다 빠르다.
- A, B사의 4G는 A사의 3G보다 빠르다.
- C사의 3G는 와이파이보다 느리다.
- 4G는 B사가 A사보다 빠르다.

〈보기 2〉
- 어떤 3G는 와이파이보다 빠르다.

① 참
② 거짓
③ 알 수 없음

>> 판단력(20문항/12분)

51. 다음 글의 주된 논지는?

당신이 미국 중앙정보국의 직원인데, 어느 날 테러 용의자를 체포했다고 가정하자. 이 사람은 뉴욕 맨해튼 중심가에 대규모 시한폭탄을 설치한 혐의를 받고 있다. 시한폭탄이 터질 시각은 다가오는데 용의자는 입을 열지 않고 있다. 당신은 고문을 해서라도 폭탄이 설치된 곳을 알아내겠는가, 아니면 고문은 원칙적으로 옳지 않으므로 고문을 하지 않겠는가? 공리주의자들은 고문을 해서라도 폭탄이 설치된 곳을 알아내어, 무고한 다수 시민의 생명을 구해야 한다고 주장할 것이다. 공리주의는 최대 다수의 최대 행복을 추구하기 때문이다. 이 경우에는 이 주장이 일리가 있을 수 있다. 그러나 공리주의가 모든 경우에 항상 올바른 해답을 줄 수 있는 것은 아니다. 구명보트를 타고 바다를 표류하던 4명의 선원이 그들 중 한 사람을 죽여서 그 사람의 고기를 먹으면 나머지 세 사람이 살 수 있다. 실제로 이런 일이 일어났고, 살아남은 세 사람은 재판을 받았다. 당신은 이 경우에도 다수의 생명을 구하기 위해 한 사람의 목숨을 희생한 행위가 정당했다고 주장하겠는가? 뉴욕의 시한폭탄 문제도 그리 간단치만은 않다. 폭탄이 설치된 곳이 한적한 곳이라 희생자가 몇 명 안 될 것으로 예상되는 경우에도 당신은 고문에 찬성하겠는가? 체포된 사람이 테러리스트 자신이 아니라 그의 어린 딸이라도, 그 딸이 폭탄의 위치를 알고 있다면 당신은 고문에 찬성하겠는가?

① 다수의 행복을 위해서 소수의 희생이 필요할 때가 있다.
② 인간의 생명은 어떤 경우에도 존중되어야 한다.
③ 고문이 정당화되는 경우도 있을 수 있다.
④ 공리주의가 절대선일 수 없는 것은 소수의 이익이라 하더라도 무시할 수 없는 것도 있기 때문이다.

52. 다음 글의 중심 내용으로 가장 적절한 것은?

행랑채가 퇴락하여 지탱할 수 없게끔 된 것이 세 칸이었다. 나는 마지못하여 이를 모두 수리하였다. 그런데 그중의 두 칸은 앞서 장마에 비가 샌 지가 오래되었으나, 나는 그것을 알면서도 이럴까 저럴까 망설이다가 손을 대지 못했던 것이고, 나머지 한 칸은 비를 한 번 맞고 샜던 것이라 서둘러 기와를 갈았던 것이다. 이번에 수리하려고 본즉 비가 샌 지 오래된 것은 그 서까래, 추녀, 기둥, 들보가 모두 썩어서 못 쓰게 되었던 까닭으로 수리비가 엄청나게 들었고, 한 번밖에 비를 맞지 않았던 한 칸의 재목들은 완전하여 다시 쓸 수 있었던 까닭으로 그 비용이 많이 들지 않았다.

나는 이에 느낀 것이 있었다. 사람의 몸에 있어서도 마찬가지라는 사실을. 잘못을 알고서도 바로 고치지 않으면 곧 그 자신이 나쁘게 되는 것이 마치 나무가 썩어서 못 쓰게 되는 것과 같으며, 잘못을 알고 고치기를 꺼리지 않으면 해(害)를 받지 않고 다시 착한 사람이 될 수 있으니, 저 집의 재목처럼 말끔하게 다시 쓸 수 있는 것이다. 뿐만 아니라 나라의 정치도 이와 같다. 백성을 좀먹는 무리들을 내버려두었다가는 백성들이 도탄에 빠지고 나라가 위태롭게 된다. 그런 연후에 급히 바로잡으려 하면 이미 썩어 버린 재목처럼 때는 늦은 것이다. 어찌 삼가지 않겠는가.

① 모든 일에 기초를 튼튼히 해야 한다.
② 청렴한 인재 선발을 통해 정치를 개혁해야 한다.
③ 잘못을 알게 되면 바로 고쳐 나가는 자세가 중요하다.
④ 훌륭한 위정자가 되기 위해서는 매사 삼가는 태도를 지녀야 한다.

53. 다음 글의 논지 전개 방식으로 가장 적절한 것은?

언젠가부터 우리 바다 속에 해파리나 불가사리와 같이 특정한 종들만이 크게 번창하고 있다는 우려의 말이 들린다. 한마디로 다양성이 크게 줄었다는 이야기다. 척박한 환경에서는 몇몇 특별한 종들만이 득세한다는 점에서 자연 생태계와 우리 사회는 닮은 것 같다. 어떤 특정 집단이나 개인들에게 앞으로 어려워질 경제 상황은 새로운 기회가 될지도 모른다. 하지만 이는 사회 전체로 볼 때 그다지 바람직한 현상이 아니다. 왜냐하면 자원과 에너지 측면에서 보더라도 이들 몇몇 집단들만 존재하는 세계에서는 이들이 쓰다 남은 물자와 이용하지 못한 에너지는 고스란히 버려질 수밖에 없고 따라서 효율성이 극히 낮기 때문이다.

다양성 확보는 사회 집단의 생존과도 무관하지 않다. 조류 독감이 발생할 때마다 해당 양계장은 물론 그 주변 양계장의 닭까지 모조리 폐사시켜야 하는 참혹한 현실을 본다. 단 한 마리 닭이 걸려도 그렇게 많은 닭들을 죽여야 하는 이유는 인공적인 교배로 인해 이들 모두가 똑같은 유전자를 가졌기 때문이다. 따라서 다양한 유전 형질을 확보하는 길만이 재앙의 확산을 막고 피해를 줄이는 길이다.

이처럼 다양성의 확보는 자원의 효율적 사용과 사회 안정에 중요하지만 많은 비용이 들기도 한다. 예를 들어 출산 휴가를 주고, 노약자를 배려하고, 장애인에게 보조 공학 기기와 접근성을 제공하는 것을 비롯해 다문화 가정, 외국인 노동자를 위한 행정 제도 개선 등은 결코 공짜가 아니다. 그럼에도 불구하고 다양성 확보가 중요한 이유는 우리가 미처 깨닫고 있지 못하는 넓은 이해와 사랑에 대한 기회를 사회 구성원 모두에게 제공하기 때문이다.

① 다양성 확보의 중요성에 대해 관점이 다른 두 주장을 대비하고 있다.
② 다양성 확보의 중요성에 대해 유추를 통해 설명하고 있다.
③ 다양성이 사라진 사회를 여러 기준에 따라 분류하고 있다.
④ 다양성이 사라진 사회의 사례들을 나열하고 있다.

54. 다음은 기행문의 일부이다. 이 글을 통해 알 수 없는 내용은?

인천국제공항 광장에 걸린, '한민족의 뿌리를 찾자! 대한 고등학교 연수단'이라고 쓴 현수막을 보자 내 가슴은 마구 뛰었다.

난생 처음 떠나는 해외여행, 8월 15일 오후 3시 15분 비행기에 오르는 나는 한여름의 무더위도 잊고 있었다. 비행기가 이륙하자, 거대한 공항 청사는 곧 성냥갑처럼 작아졌고, 푸른 바다와 들판은 빙빙 돌아가는 듯했다. 비행기에서 내려다본 구름은 정말 아름다웠다. 뭉게뭉게 떠다니는 하얀 구름 밭은 꼭 동화 속에서나 나옴직한 신비의 나라, 바로 그것이었다.

'나는 지금 어디로 가고 있을까, 꿈속을 헤매는 영원한 방랑자가 된 걸까?'

① 여행의 동기와 목적
② 출발할 때의 감흥
③ 출발할 때의 날씨와 시간
④ 여행의 노정과 일정

55. 다음 글의 전개 순서로 가장 적절한 것은?

㉠ 도구의 발달은 기술의 발전으로 이어져 인간은 자연 환경의 제약으로부터 벗어날 수 있게 되었다.
㉡ 그리하여 인간은 자연이 주는 혜택과 고난 속에서 자신의 의지에 따라 선택적으로 자연을 이용하고 극복하게 되었다.
㉢ 인류는 지혜가 발달하면서 점차 자연의 원리를 깨닫고 새로운 도구를 만들 줄 알게 되었다.
㉣ 필리핀의 고산 지대에서 농지가 부족한 자연 환경을 극복하기 위해 계단처럼 논을 만들어 벼농사를 지은 것이 그 좋은 예이다.

① ㉠ - ㉢ - ㉡ - ㉣
② ㉠ - ㉣ - ㉢ - ㉡
③ ㉢ - ㉠ - ㉡ - ㉣
④ ㉢ - ㉡ - ㉠ - ㉣

56. 다음 글의 내용에 어울리는 고사 성어로 가장 적절한 것은?

최근 여러 기업들이 상위 5% 고객에게만 고급 서비스를 제공하는 마케팅을 벌여 소비자뿐만 아니라 전문가들에게서도 우려의 소리를 듣고 있다. 실제로 모 기업은 지난해 초 'VIP 회원'보다 상위 고객을 노린 'VVIP 회원'을 만들면서 △매년 동남아·중국 7개 지역 왕복 무료 항공권 △9개 호텔 무료 숙박 △해외 유명 골프장 그린피 무료 등을 서비스로 내세웠다. 하지만 최근에 이 기업과 제휴를 맺고 있는 회사들이 비용 분담에 압박을 느끼면서 서비스 중단을 차례로 통보했다. 또 자사 분담으로 제공하고 있던 호텔 숙박권 역시 비용 축소를 위해 3월부터 서비스를 없앨 것으로 알려졌다.

한 업계 관계자는 "기존 회원 시장이 포화 상태가 되면서 업계가 저마다 지난해 VIP 마케팅을 내세웠지만 높은 연회비로 인해 판매 실적은 저조한 반면 무료 공연을 위한 티켓 구매, 항공권 구입 등에 소요되는 사업비 부담은 너무 크다 보니 오히려 어려움을 겪고 있는 실정"이라고 말했다.

① 견강부회(牽強附會)
② 비육지탄(髀肉之嘆)
③ 자승자박(自繩自縛)
④ 화이부동(和而不同)

57. 괄호 안에 들어갈 문장으로 가장 적절한 것은?

힐링(Healing)은 사회적 압박과 스트레스 등으로 손상된 몸과 마음을 치유하는 방법을 포괄적으로 일컫는 말이다. 우리보다 먼저 힐링이 정착된 서구에서는 질병 치유의 대체 요법 또는 영적·심리적 치료 요법 등을 지칭하고 있다.

국내에서도 최근 힐링과 관련된 갖가지 상품이 유행하고 있다. 간단한 인터넷 검색을 통해 수천 가지의 상품을 확인할 수 있을 정도다. 종교적 명상, 자연 요법, 운동 요법 등 다양한 형태의 힐링 상품이 존재한다. 심지어 고가의 힐링 여행이나 힐링 주택 등의 상품들도 나오고 있다. 그러나 (   ) 우선 명상이나 기도 등을 통해 내면에 눈뜨고, 필라테스나 요가를 통해 육체적 건강을 회복하여 자신감을 얻는 것부디 출발할 수 있다.

① 힐링이 먼저 정착된 서구의 힐링 상품들을 참고해야 할 것이다.

② 많은 돈을 들이지 않고서도 쉽게 할 수 있는 일부터 찾는 것이 좋을 것이다.

③ 이러한 상품들의 값이 터무니없이 비싸다고 느껴지지는 않을 것이다.

④ 자신을 진정으로 사랑하는 법을 알아야 할 것이다.

58. 다음 글의 내용에 부합하지 않은 것은?

오늘날 지구상에는 193종의 원숭이와 유인원이 살고 있다. 그 가운데 192종은 온몸이 털로 덮여 있고, 단 한 가지 별종이 있으니, 이른바 '호모 사피엔스'라고 자처하는 털 없는 원숭이가 그것이다. 지구상에서 대성공을 거둔 이 별종은 보다 고상한 욕구를 충족하느라 많은 시간을 보내고 있으나, 엄연히 존재하는 기본적 욕구를 애써 무시하려고 하는 데에도 똑같이 많은 시간을 소비한다. 그는 모든 영장류들 가운데 가장 큰 두뇌를 가졌다고 자랑하지만, 두뇌뿐 아니라 성기도 가장 크다는 사실은 애써 외면하면서 이 영광을 고릴라에게 떠넘기려고 한다. 그는 무척 말이 많고 탐구적이며 번식력이 왕성한 원숭이다. 나는 동물학자이고 털 없는 원숭이는 동물이다. 따라서 털 없는 원숭이는 내 연구 대상으로서 적격이다. '호모 사피엔스'는 아주 박식해졌지만 그래도 여전히 원숭이이고, 숭고한 본능을 새로 얻었지만 옛날부터 갖고 있던 세속적 본능도 여전히 간직하고 있다. 이러한 오래된 충동은 수백만 년 동안 그와 함께해 왔고, 새로운 충동은 기껏해야 수천 년 전에 획득했을 뿐이다. 수백만 년 동안 진화를 거듭하면서 축적된 유산을 단번에 벗어던질 가망은 전혀 없다. 이 사실을 회피하지 말고 직면한다면, '호모 사피엔스'는 훨씬 느긋해지고 좀더 많은 것을 성취할 수 있을 것이다. 이것이 바로 동물학자가 이바지할 수 있는 영역이다.

① 인간에 대해서도 동물학적 관점에서 탐구할 필요가 있다.

② 인간은 자신이 지닌 동물적 본능을 무시하거나 외면하려는 경향이 있다.

③ 인간의 박식과 숭고한 본능은 수백만 년 전에 획득했다.

④ 인간이 오랜 옛날부터 갖고 있던 동물적 본능은 오늘날에도 남아 있다.

59. 다음 글의 제목으로 가장 적절한 것은?

언제부터인가 이곳 속초 청호동은 본래의 지명보다 '아바이 마을'이라는 정겨운 이름으로 불리고 있다. 함경도식 먹을거리로 유명해진 곳이기도 하지만 그 사람들의 삶과 문화가 제대로 알려지지 않은 동네이기도 하다. 속초의 아바이 마을은 대한민국의 실향민 집단 정착촌을 대표하는 곳이다. 한국 전쟁이 한창이던 1951년 1·4 후퇴 당시, 함경도에서 남쪽으로 피난 왔던 사람들이 휴전과 함께 사람이 거의 살지 않던 이곳 청호동에 정착해 살기 시작했다.

동해는 사시사철 풍부한 어종이 잡히는 고마운 곳이다. 봄 바다를 가르며 달려 도착한 곳에서 고기가 다니는 길목에 설치한 '어울'을 끌어올려 보니, 속초의 봄 바다가 품고 있던 가자미들이 나온다. 다른 고기는 나오다 안 나오다 하지만 이 가자미는 일 년 열두 달 꾸준히 난다. 동해를 대표하는 어종 중에 명태는 12월에서 4월, 도루묵은 10월에서 12월, 오징어는 9월에서 12월까지 주로 잡힌다. 하지만 가자미는 사철 잡히는 생선으로, 어부들 말로는 그 자리를 지키고 있는 '자리고기'라 한다.

청호동에서 가자미식해를 담그는 광경은 이젠 낯선 일이 아니라 할 만큼 유명세를 탔다. 함경도 대표 음식인 가자미식해가 속초에서 유명하다는 것은 입맛이 정확하게 고향을 기억한다는 것과 상통한다. 속초에 새롭게 터전을 잡은 함경도 사람들은 고향 음식이 그리웠다. 가자미식해를 만들어 상에 올렸고, 이 밥상을 마주한 속초 사람들은 배타심이 아닌 호감으로 다가섰고, 또 판매를 권유하게 되면서 속초의 명물로 재탄생하게 된 것이다.

① 속초 자리고기의 유래
② 속초의 아바이 마을과 가자미식해
③ 아바이 마을의 밥상
④ 청호동 주민과 함경도 실향민의 화합

60. 다음 글을 통해 알 수 있는 내용으로 적절하지 않은 것은?

재판이란 법원이 소송 사건에 대해 원고·피고의 주장을 듣고 그에 대한 법적 판단을 내리는 소송 절차를 말한다. 오늘날과 마찬가지로 조선 시대에도 재판 제도가 있었다. 당시의 재판은 크게 송사(訟事)와 옥사(獄事)로 나뉘었다. 송사는 개인 간의 생활 관계에서 발생하는 분쟁의 해결을 위해 관청에 판결을 호소하는 것을 말하며, 옥사는 강도, 살인, 반역 등의 중대 범죄를 다스리는 일로서 적발, 수색하여 처벌하는 것을 말한다.

송사는 다시 옥송과 사송으로 나뉜다. 옥송은 상해 및 인격적 침해 등을 이유로 하여 원(元 : 원고), 척(隻 : 피고) 간에 형벌을 요구하는 송사를 말한다. 이에 반해 사송은 원, 척 간에 재화의 소유권에 대한 확인, 양도, 변상을 위한 민사 관련 송사를 말한다.

그렇다면 당시에 이러한 송사나 옥사를 맡아 처리하는 기관은 어느 곳이었을까? 조선 시대는 입법, 사법, 행정의 권력 분립이 제도화되어 있지 않았기에 재판관과 행정관의 구별이 없었다. 즉 독립된 사법 기관이 존재하지 않았으므로 재판은 중앙의 몇몇 기관과 지방 수령인 목사, 부사, 군수, 현령, 현감 등과 관찰사가 담당하였다.

① 일반적인 재판의 정의
② 조선 시대 송사의 종류
③ 조선 시대 송사와 옥사의 차이점
④ 조선 시대 재판관과 행정관의 역할

61. ㉠~㉣에 들어갈 말로 맞는 것은?

말하기의 중요한 목적 중에 하나가 설명이다. 설명은 청자가 모르는 사실을 알아듣기 쉽게 풀어서 말하는 것으로, 우리가 알아낸 정보를 전달하거나 지식 체계를 쉽게 이해시키고자 하는 경우에 사용된다. 설명의 방법에는 지정, 정의, (㉠)와/과 (㉡), (㉢)와/과 (㉣), 예시가 있다.

지정은 가장 단순한 설명의 방법으로 사물을 지적하듯이 말하기를 통하여 지적하는 방법이다. 정의는 어떤 용어나 단어의 뜻과 개념을 밝히는 것으로 충분한 지식을 가지고 있어야 정확한 정의를 내릴 수 있다. 어떠한 대상을 파악하고자 할 때 대상을 적절히 나누거나 묶어서 정리해야 하는데, 하위 개념을 상위 개념으로 묶어 가면서 설명하는 (㉠)의 방법과 상위 개념을 하위 개념으로 나누어 가면서 설명하는 (㉡)의 방법이 있다. 설명을 할 때에 서로 비슷비슷하여 구별이 어려운 개념에 대하여 그들 사이의 공통점이나 차이점을 지적하면 이해하기가 쉬운데, 둘 이상의 대상 사이의 유사점에 대하여 설명하는 일을 (㉢)(이)라 하고, 그 차이점에 대하여 설명하는 일을 (㉣)(이)라 한다. 이러한 방법을 통해서 말하게 되면 평이한 화제를 가지고도 개성 있는 말하기를 할 수 있게 된다. 예시는 어떤 개념이나 사물에 대한 이해를 돕기 위하여 이에 해당하는 예를 직접 보여 주거나 예를 들어 설명하는 것이다.

	㉠	㉡	㉢	㉣
①	대조	비교	구분	분류
②	비교	대조	분류	구분
③	분류	구분	비교	대조
④	구분	분류	대조	비교

62. 다음의 내용을 서론으로 하여 글을 쓸 때, 본론에 들어갈 내용으로 가장 적절하지 않은 것은?

그 동안 우리의 음악계는 전통 음악의 고유성을 무시한 채 근대화된 서구 사회의 급속한 접목으로 인하여 유입된 '낯선 음악 위주로 발전해 왔다. 그 결과 우리 전통 음악은 국민들로부터 유리되어 음악계의 한 구석에서 겨우 명맥을 유지하고 있는 실정이다. 음악이 그것을 향수하는 민족의 정서와 정신을 대변한다고 할 때 이러한 음악적 환경 하에서 우리의 국민적 정서는 어찌될 것인지 우려되는 바가 매우 크다. 이에 전통 음악의 대중화를 위한 방안이 시급히 요청된다.

① 전통 음악이 소외되게 된 배경
② 서양 음악에 대한 이해 증진
③ 우리나라 음악 교육의 실태
④ 음악에 대한 청소년의 기호

63. 다음 글이 주장하고 있는 것은?

제아무리 대원군이 살아 돌아온다 하더라도 더 이상 타 문명의 유입을 막을 길은 없다. 어떤 문명들은 서로 만났을 때 충돌을 면치 못할 것이고, 어떤 것들은 비교적 평화롭게 공존하게 될 것이다. 결코 일반화할 수 있는 문제는 아니겠지만 스스로 아끼지 못한 문명은 외래 문명에 텃밭을 빼앗기고 말 것이라는 예측을 해도 큰 무리는 없을 듯싶다. 내가 당당해야 남을 수용할 수 있다.

영어만 잘하면 성공한다는 믿음에 온 나라가 야단법석이다. 배워서 나쁠 것 없고, 영어는 국제 경쟁력을 키우는 차원에서 반드시 배워야 한다. 하지만 영어보다 더 중요한 것은 우리의 말과 글이다. 한술 더 떠 영어를 공용어로 하자는 주장이 심심찮게 들리고 있다. 그러나 우리의 말과 글을 제대로 세우지 않고 영어를 들여오는 일은 우리 개구리들을 돌보지 않은 채 황소개구리를 들여온 우를 범하는 것과 같다.

영어를 자유롭게 구사하는 일은 새 시대를 살아가는 중요한 조건이다. 하지만 우리의 말과 글을 바로 세우는 일에도 소홀해서는 절대 안 된다. 황소개구리의 황소울음 같은 소리에 익숙해져 청개구리의 소리를 잊어서는 안 되는 것처럼.

① 세계화를 위해서는 세계 여러 나라의 언어를 골고루 받아들여 균형 있게 발전시켜야 한다.
② 우리가 설령 언어를 잃게 되더라도 우리 고유의 문화는 잃지 않도록 최선을 다하는 것이 필요하다.
③ 우리 문화에 대한 자신감이 부족할 경우에는 타문명의 유입을 최대한 막을 수 있도록 노력해야 한다.
④ 국제 경쟁력 강화를 위하여 영어 구사 능력도 필요하지만, 우리의 말과 글을 바로 세우는 일이 더 중요하다.

64. 다음 글의 설명 방식과 가장 가까운 것은?

여름 방학을 맞이하는 학생들이 잊지 말아야 할 유의 사항이 있다. 상한 음식이나 비위생적인 음식 먹지 않기, 물놀이를 할 때 먼저 준비 운동을 하고 깊은 곳에 들어가지 않기, 외출할 때에는 부모님께 행선지와 동행인 말씀드리기, 외출한 후에는 손발을 씻고 몸을 청결하게 하기 등이다.

① 이등변 삼각형이란 두 변의 길이가 같은 삼각형이다.
② 그 친구는 평소에는 순한 양인데 한번 고집을 피우면 황소 같아.
③ 나는 산·강·바다·호수·들판 등 우리 국토의 모든 것을 사랑한다.
④ 잣나무는 소나무처럼 상록수이며 추운 지방에서 자라는 침엽수이다.

65. 다음 글을 통해 알 수 있는 내용으로 적절하지 않은 것은?

우리나라를 찾는 외국인들이 가장 즐겨 찾는 곳은 이태원이다. 여기서 '원(院)'이란 이곳이 과거에 여행자들을 위한 휴게소였다는 것을 말해 준다. 사리원, 조치원 등의 '원'도 마찬가지이다. 조선 전기에는 여행자가 먹고 자고 쉴 수 있는 휴게소를 '원'이라고 불렀다. 1530년에 발간된 「신증동국여지승람」에 따르면 원은 당시 전국에 무려 1,210개나 있었다고 한다.

조선 전기에도 여행자를 위한 편의 시설은 잘 갖추어져 있었다. 주요 도로에는 이정표와 역(驛), 원(院)이 일정한 원칙에 따라 세워졌다. 10리마다 지명과 거리를 새긴 작은 장승을 세우고, 30리마다 큰 장승을 세워 길을 표시했다. 그리고 큰 장승이 있는 곳에는 역과 원을 설치했다. 주요 도로마다 30리에 하나씩 원이 설치되다 보니, 전국적으로 1,210개나 될 정도로 많아진 것이다.

역이 국가의 명령이나 공문서, 중요한 군사 정보의 전달, 사신 왕래에 따른 영송(迎送)과 접대 등을 위해 마련된 교통 통신 기관이었다면, 원은 그런 일과 관련된 사람들을 위해 마련된 일종의 공공 여관이었다. 원은 주로 공공 업무를 위한 여관이었지만 민간인들에게 숙식을 제공하기도 했다.

원은 정부에서 운영했기 때문에 재원도 정부에서 마련했는데, 주요 도로인 대로와 중로, 소로 등에 설치된 원에는 각각 원위전(院位田)이라는 땅을 주어 운영 경비를 마련하도록 했다. 그렇다면 누가 원을 운영했을까? 역에는 종육품 관리인 찰방(察訪)이 파견되어 여러 개의 역을 관리하며 역리와 역노비를 감독했지만, 원에는 정부가 일일이 관리를 파견할 수 없었다. 그래서 대로변에 위치한 원에는 다섯 가구, 중로에는 세 가구, 소로에는 두 가구를 원주(院主)로 임명했다. 원주는 승려, 향리, 지방 관리 등이었는데 원을 운영하는 대신 각종 잡역에서 제외시켜 주었다.

조선 전기에는 원 이외에 여행자를 위한 휴게 시설이 따로 없었으므로 원을 이용하지 못하는 민간인 여행자들은 여염집 대문 앞에서 "지나가는 나그네인데, 하룻밤 묵어 갈 수 있겠습니까?"라고 물어 숙식을 해결할 수밖에 없었다. 그러나 임진왜란과 병자호란을 거치면서 점사(店舍)라는 민간 주막이나 여관이 생기고, 관리들도 지방 관리의 대접을 받아 원의 이용이 줄어들게 되면서 원의 역할은 점차 사라지고 지명에 그 흔적만 남게 되었다.

① 여행자는 작은 장승 두 개를 지나 10리만 더 가면 '역(驛)'이 나온다는 것을 알았을 것이다.

② '원(院)'을 운영하는 승려는 나라에서 요구하는 각종 잡역에서 빠졌을 것이다.

③ 외국에서 사신이 오면 관리들은 '역(驛)'에서 그들을 맞이하거나 보냈을 것이다.

④ 민간인 여행자들도 자유롭게 '원(院)'에서 숙식을 해결했을 것이다.

66. 다음 글의 연결 순서로 가장 적절한 것은?

㉠ 과학은 현재 있는 그대로의 실재에만 관심을 두고 그 실재가 앞으로 어떠해야 한다는 당위에는 관심을 가지지 않는다.

㉡ 그러나 각자 관심을 두지 않는 부분에 대해 상대방으로부터 도움을 받을 수 있기 때문에 상호 보완적이라고 보는 것이 더 합당하다.

㉢ 과학과 종교는 상호 배타적인 것이 아니며 상호 보완적이다.

㉣ 반면 종교는 현재 있는 그대로의 실재보다는 당위에 관심을 가진다.

㉤ 이처럼 과학과 종교는 서로 관심의 영역이 다르기 때문에 배타적이라고 볼 수 있다.

① ㉠ - ㉣ - ㉡ - ㉢ - ㉤

② ㉠ - ㉣ - ㉤ - ㉢ - ㉡

③ ㉢ - ㉠ - ㉣ - ㉤ - ㉡

④ ㉢ - ㉡ - ㉠ - ㉣ - ㉤

67. 다음 글에 대한 이해로 적절하지 않은 것은?

한국 건축은 '사이'의 개념을 중요시한다. 그리고 '사이'의 크기는 기능과 사회적 위계에 영향을 받는다. 또한 공간, 시간, 인간 모두를 '사이'의 한 동류로 보기도 한다. 서양의 과학적 사고가 물체를 부분들로 구성되었다고 보고 불변하는 요소들을 분석함으로써 본질 파악을 추구하였다면, 동양은 사이 즉, 요소들 간의 관련성에 초점을 두고, 거기에서 가치와 의미의 원천을 찾았던 것이다. 서양의 건축이 내적 구성, 폐쇄적 조직을 강조한 객체의 형태를 추구했다면, 동양의 건축은 그보다 객체의 형태와 그것이 놓이는 상황 및 자연환경과의 어울림을 통해 미를 추구하였던 것이다.

동양의 목재 가구법(낱낱의 재료를 조립하여 구조물을 만드는 법)에 의한 건축 구성 양식에서 '사이'의 중요성을 알 수 있다. 이 양식은 조적식(돌·벽돌 따위를 쌓아 올리는 건축 방식)보다 환경에 개방적이고, 우기에도 환기를 좋게 할 뿐 아니라 내·외부 공간의 차단을 거부하고 자연과의 대화를 늘 강조한다. 그로 인해 건축이 무대나 액자를 설정하고 자연이 끝내 주는 기분을 느끼게 한다.

① 동양과 서양 건축의 차이를 요소들 간의 관련성으로 설명하고 있다.

② 동양의 건축 재료로 석재보다 목재가 많이 쓰인 이유를 알 수 있다.

③ 한국 건축에서 '사이'의 개념은 공간, 시간, 인간 모두를 포함하고 있다.

④ 동양의 건축은 자연환경에 개방적이지만 인공 조형물에 대해서는 폐쇄적이다.

68. 다음 발표에서 사용한 전략이 아닌 것은?

여러분은 지금부터 제 질문에 "받아들일 만하다!"와 "불공정하다!"의 두 가지 대답 중 하나만을 선택할 수 있습니다. 첫 번째 질문은 다음에 관한 내용입니다. 어떤 자동차가 매우 잘 팔려서 물량이 부족한 상황입니다. 이에 한 자동차 대리점은 지금까지와는 달리 상품 안내서에 표시된 가격에 20만 원을 덧붙여서 팔기로 했습니다. 자동차 대리점의 결정은 받아들일 만한 것일까요, 아니면 불공정한 것일까요?

두 번째 질문은 다음과 같습니다. 어떤 자동차가 매우 잘 팔려서 물량이 부족한 상황입니다. 20만 원 할인된 가격으로 차를 팔아 왔던 한 자동차 대리점이 할인을 중단하고 원래 가격대로 팔기로 했습니다. 이러한 결정은 받아들일 만한 것일까요, 아니면 불공정한 것일까요?

실제로 캐나다에서 130명을 상대로 이러한 질문을 했습니다. 그 결과에 따르면, 첫 번째 질문에 불공정하다고 답한 응답자는 71%인 반면, 두 번째 질문에 불공정하다고 답한 응답자는 42%에 불과합니다. 두 경우 모두 가격을 20만 원 올렸는데, 이러한 차이가 발생한 이유는 무엇일까요? 이에 대해 노벨 경제학상을 받은 대니얼 카너먼은 가격을 올리는 방식에 대해 정반대의 생각을 하기 때문이라고 했습니다. 기존의 가격에서 인상하는 것은 손해로, 할인을 없애는 것은 이득을 볼 기회를 잃어버리는 것으로 여긴다는 것입니다.

① 전문가의 견해를 인용하고 있다.
② 물음을 통해 청중의 주의를 환기하고 있다.
③ 구체적인 사례와 조사 결과를 제시하고 있다.
④ 매체의 특성을 고려해 발표 내용을 조절하고 있다.

69. 다음 글의 제목으로 가장 적절한 것은?

예술에 해당하는 '아트(art)'는 '조립하다', '고안하다'라는 의미를 가진 라틴어의 '아르스(ars)'에서 비롯되었고, 예술을 의미하는 독일어 '쿤스트(Kunst)'는 '알고 있다', '할 수 있다'라는 의미의 '퀸넨(können)'에서 비롯되었다. 이러한 의미 모두 일정한 목적을 가진 일을 잘 해낼 수 있는 숙련된 기술을 의미한다. 따라서 이들 용어는 예술뿐만 아니라 수공이나 기타 실용적인 기술들을 모두 포괄하고 있다고 볼 수 있다.

미적인 의미로 한정해서 쓰이는 예술의 개념은 18세기에 들어와서야 비로소 두드러지게 나타나기 시작했으며 예술을 일반적인 기술과 구별하기 위하여 특별히 '미적 기술(영어: fine arts, 프랑스어: beaux-arts)'이라고 하는 표현이 사용되었다. 생활에 유용한 것을 만들기 위한 실용적인 기술과 구별되는 좁은 의미의 예술은 조형 예술에 국한되기도 하지만, 일반적으로는 조형 예술 이외의 음악, 문예, 연극, 무용 등을 포함한 미적 가치의 실현을 본래의 목적으로 하는 기술을 가리키는 것으로 이해된다.

① '예술'과 '기술'의 차이
② '예술'의 변천과 그 원인
③ '예술'의 속성과 종류
④ '예술'의 어원과 그 의미의 변화

70. 다음 글의 내용에 부합하지 않는 것은?

책은 인간이 가진 그 독특한 네 가지 능력의 유지, 심화, 계발에 도움을 주는 유효한 매체이다. 하지만, 문자를 고안하고 책을 만들고 책을 읽는 일은 결코 '자연스러운' 행위가 아니다. 인간의 뇌는 애초부터 책을 읽으라고 설계된 것이 아니기 때문이다. 문자가 등장한 역사는 6천 년, 지금과 같은 형태의 책이 등장한 역사 또한 6백여 년에 불과하다. 책을 쓰고 읽는 기능은 생존에 필요한 다른 기능들을 수행하도록 설계된 뇌 건축물의 부수적 파생 효과 가운데 하나이다. 말하자면 그 능력은 덤으로 얻어진 것이다.

그런데 이 '덤'이 참으로 중요하다. 책이 없이도 인간은 기억하고 생각하고 상상하고 표현할 수 있기는 하나 책과 책 읽기는 인간이 이 능력을 키우고 발전시키는 데 중대한 차이를 낳기 때문이다. 또한 책을 읽는 문화와 책을 읽지 않는 문화는 기억, 사유, 상상, 표현의 층위에서 상당한 질적 차이를 가진 사회적 주체들을 생산한다. 그렇기는 해도 모든 사람이 맹목적인 책 예찬자가 될 필요는 없다. 그러나 중요한 것은, 인간을 더욱 인간적이게 하는 소중한 능력들을 지키고 발전시키기 위해서 책은 결코 희생할 수 없는 매체라는 사실이다. 그 능력을 지속적으로 발전시키는 데 드는 비용은 적지 않다. 무엇보다 책 읽기는 결코 손쉬운 일이 아니기 때문이다. 책 읽기에는 상당량의 정신 에너지와 훈련이 요구되며, 독서의 즐거움을 경험하는 습관 또한 요구된다.

① 책 읽기는 별다른 훈련이나 노력 없이도 마음만 먹으면 가능한 일이다.
② 책을 쓰고 읽는 기능은 인간 뇌의 본래적 기능은 아니다.
③ 책과 책 읽기는 인간의 기억, 사유, 상상 등과 관련된 능력을 키우는 데 상당히 중요한 변수로 작용한다.
④ 독서 문화는 특정 층위에서 사회적 주체들의 질적 차이를 유발한다.

>> 응용수리력(20문항/12분)

71. A는 생산관리부서에서 근무하는 사원이다. 생산관리부는 1년 365일 누군가가 근무를 하면서 비상사태에 대비해야 하는 상황이다. A가 속한 부서는 부장 밑으로 차장 3명, 과장 4명, 대리 2명, 사원 3명이 근무하고 있다. 이번 추석 명절 당일에는 반드시 과장과 사원 한 명씩 짝을 지어 2명이 근무를 하라는 회사의 지시가 내려졌다. A가 이번 추석 명절날 근무를 서게 될 경우는 몇 가지이며, 그 확률이 얼마인지 구하면?

① 2가지, $\frac{1}{4}$

② 3가지, $\frac{1}{3}$

③ 4가지, $\frac{1}{3}$

④ 4가지, $\frac{1}{2}$

72. 칠판에 1부터 20까지의 수가 하나씩 쓰여 있고, 20개의 수 중 임의의 수 a와 b를 지우고 a − 1, b − 1을 써넣었다. 이 시행을 20번 반복한 후 칠판에 써진 모든 수를 더한 값을 구하면?

① 110

② 130

③ 150

④ 170

73. 배로 강을 100km 거슬러 올라가는 데 5시간, 같은 거리를 내려오는 데 2시간이 걸렸다. 배의 속력과 강물의 속력을 각각 구하면?

① 배의 속력 : 25km/시, 강물의 속력 : 15km/시

② 배의 속력 : 28km/시, 강물의 속력 : 10km/시

③ 배의 속력 : 30km/시, 강물의 속력 : 12km/시

④ 배의 속력 : 35km/시, 강물의 속력 : 15km/시

74. 남자 7명, 여자 5명으로 구성된 프로젝트 팀의 원활한 운영을 위해 운영진 두 명을 선출하려고 한다. 남자가 한 명도 선출되지 않을 확률을 구하면?

① $\frac{7}{30}$

② $\frac{8}{33}$

③ $\frac{7}{32}$

④ $\frac{5}{33}$

75. 우리 마트에서 문구를 정가 20% 할인행사를 진행하였다. 지원이는 10,000원으로 정가 2,000원의 스케치북과 정가 1,000원의 색연필을 합쳐서 총 10개를 구매했을 때, 지원이가 구매할 수 있는 스케치북 최대 개수는 얼마인가?

① 6개

② 4개

③ 2개

④ 0개

76. A의 엄마와 아빠는 4살 차이가 나며, 엄마와 아빠 나이의 합은 A 나이의 다섯 배이다. 10년 후에 아빠의 나이가 A의 두 배가 될 때, 엄마의 현재 나이를 구하면 얼마인가? (단, 아빠의 나이는 엄마의 나이보다 많다.)

① 30세

② 32세

③ 35세

④ 38세

77. 전체 둘레가 600m인 트랙을 갑과 을이 동일한 위치에서 동시에 출발해 갑은 시속 10km, 을은 시속 15km로 달릴 시에, 갑과 을 두 사람이 다시 만날 때까지 걸리는 시간이 얼마인지 구하면? (단, A와 B는 동일한 방향으로 달린다)

① 5분 59초

② 7분 11초

③ 7분 12초

④ 9분 47초

78. 도시 외곽에 있는 어느 창고의 짐을 다른 창고로 옮기는 데 있어서 남자 5명이 작업하면 5일이 걸리고, 여자 5명이 작업하면 10일이 걸린다. 동일한 양의 짐을 남자 2명과 여자 2명이 같이 옮기게 될 경우 며칠이 걸리는지 구하면?

① 3일

② 4일

③ 9일

④ 11일

79. 합창 단원 선발에 지원한 남녀의 비가 3 : 5이다. 응시결과 합격자 가운데 남녀의 비가 2 : 3이고, 불합격자 남녀의 비는 4 : 7이다. 합격자가 160명이라고 할 때, 여학생 지원자의 수는 몇 명인가?

① 300명

② 305명

③ 310명

④ 320명

80. 직선을 따라 1분에 2m씩 움직이는 물체 A와 1분에 3m씩 움직이는 물체 B가 있다. 물체 A가 원점 O를 출발한지 2분 후에 같은 장소인 원점에서 A가 움직인 방향으로 물체 B가 움직이기 시작했다. A와 B가 서로 만나는 것은 A가 출발한지 몇 분 후인가?

① 3분   ② 4분

③ 5분   ④ 6분

81. 두 가지 메뉴 A, B를 파는 어느 음식점에서 지난주에 두 메뉴를 합하여 1,000명분을 팔았다. 이번 주에는 지난주에 비하여 A 메뉴는 5% 감소하고, B 메뉴는 10% 증가하여 전체적으로 4% 증가하였다. 이번 주에 판매된 A 메뉴는 몇 명분인가?

① 350명   ② 380명

③ 400명   ④ 415명

82. 지수가 낮잠을 자는 동안 엄마가 집에서 마트로 외출을 했다. 곧바로 잠에서 깬 지수는 엄마가 출발하고 10분 후 엄마의 뒤를 따라 마트로 출발했다. 엄마는 매분 100m의 속도로 걷고, 지수는 매분 150m의 속도로 걷는다면 지수는 몇 분 만에 엄마를 만나게 되는가?

① 10분   ② 20분

③ 30분   ④ 40분

83. 그림과 같이 가로의 길이가 2, 세로의 길이가 1인 직사각형이 있다. 이 직사각형과 넓이가 같은 정사각형의 한 변의 길이는?

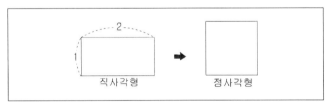

① $\sqrt{2}$ ② $\sqrt{3}$

③ 2   ④ 3

84. 피자 1판의 가격이 치킨 1마리의 가격의 2배인 가게가 있다. 피자 3판과 치킨 2마리의 가격의 합이 80,000원일 때, 피자 1판의 가격은?

① 12,000원   ② 14,000원

③ 18,000원   ④ 20,000원

85. 그림은 ∠B = 90° 인 직각삼각형 ABC의 세 변을 각각 한 변으로 하는 정사각형을 그린 것이다. □ADEB의 넓이는 9이고 □BFGC의 넓이가 4일 때, □ACHI의 넓이는?

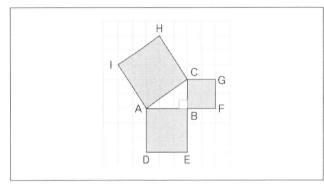

① 13   ② 14

③ 15   ④ 16

86. ☆☆주스에서는 그림과 같이 세 종류의 과일과 두 종류의 채소를 가지고, 두 종류의 과일과 한 종류의 채소를 섞어 주스를 만들어 판매하고 있다. ☆☆주스의 메뉴는 모두 몇 가지인가?

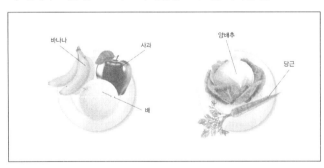

① 4가지   ② 5가지

③ 6가지   ④ 7가지

87. 그림과 같이 P도시에서 Q도시로 가는 길은 3가지이고, Q도시에서 R도시로 가는 길은 2가지이다. P도시를 출발하여 Q도시를 거쳐 R도시로 가는 방법은 모두 몇 가지인가?

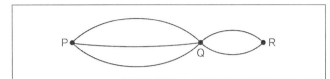

① 3가지
② 4가지
③ 5가지
④ 6가지

88. 두 정육면체 A, B의 닮음비가 1 : 2일 때, 큰 정육면체 B의 부피는 작은 정육면체 A의 부피의 몇 배인가?

① 2배
② 4배
③ 6배
④ 8배

89. 다음은 업무 평가 점수 평균이 같은 다섯 팀의 표준편차를 나타낸 것이다. 직원들의 평가 점수가 평균에 가장 가깝게 분포되어 있는 팀은?

팀	인사팀	영업팀	총무팀	홍보팀	관리팀
표준편차	$\sqrt{23}$	$\sqrt{10}$	5	$\sqrt{15}$	3

① 인사팀
② 영업팀
③ 총무팀
④ 관리팀

90. 두 기업 서원각, 소정의 작년 상반기 매출액의 합계는 91억 원이었다. 올해 상반기 두 기업 서원각, 소정의 매출액은 작년 상반기에 비해 각각 10%, 20% 증가하였고, 두 기업 서원각, 소정의 매출액 증가량의 비가 2 : 3이라고 할 때, 올해 상반기 두 기업 서원각, 소정의 매출액의 합계는?

① 96억 원
② 100억 원
③ 104억 원
④ 108억 원

>> 단어연상력(20문항 / 10분)

┃91~110┃ 다음에 제시된 9개의 단어 중 관련된 3개의 단어를 통해 유추할 수 있는 것을 고르시오.

91.

산소, 탄소, 자동차, 학교, 반지, 동전, 결혼, 공무원, 게임

① 돌
② 자석
③ 다이아몬드
④ 물

92.

오타와, 단풍, CAD, AUD, GNI, 상하이, 시계, 키위, 유럽

① 캐나다
② 뉴질랜드
③ 호주
④ 오스트리아

93.

여우, 다이어리, 회식, 튤립, 장미, 소행성, 하늘, 고양이, 커피

① 네덜란드
② 어린왕자
③ 우주
④ 시간

94.

식사, 경상도, 나트륨, 수소, 젓갈, 종교, 계곡, 도자기, 조미료

① 빛
② 소금
③ 전쟁
④ 십자가

95.

112, 유럽, 86, 열도, 공자, 황사, 비타민, 가을, 인도양, 82

① 대한민국　　　　　② 중국
③ 일본　　　　　　　④ 미국

96.

공사장, 안전, 공무원, 소방서, 간호사, 총, cctv, 라디오, 채팅

① 경찰　　　　　　　② 응급실
③ 안전모　　　　　　④ 구급차

97.

세제, 청소, 인두, 여유, 여성, 스팀, 주방, 구김, 소파

① 자동차　　　　　　② 텔레비전
③ 다리미　　　　　　④ 침대

98.

해저, 육지, 눈, 그린란드, 핀란드, 온난화, 초원, 사하라사막, 열대기후

① 빙하　　　　　　　② 북극곰
③ 라니냐　　　　　　④ 황사

99.

제우스, 아폴로, 화폐, 삭망, 토월, 아폴론, 바다, 비행기, 낮

① 지구　　　　　　　② 그리스
③ 여행　　　　　　　④ 달

100.

신발장, 카펫, 창문, 냉장고, 목수, 설거지, 포도, 우유, 식탁

① 핵가족　　　　　　② 어부
③ 과일　　　　　　　④ 부엌

101.

누나, 계곡, 우산, 등산, 구급차, 병원, 비, 여름, 겨울

① 장마　　　　　　　② 형제
③ 노트　　　　　　　④ 사고

102.

안익태, 일본, 영조, 이완용, 임진왜란, 외교권, 포츠담 선언, 독일, 고구려

① 을미사변　　　　　② 갑신정변
③ 을사조약　　　　　④ 신미양요

103.

화성, 촛불집회, 세종대왕, 불교, 가족, 경복궁, 싸이, 한강, 6·25

① 해시계　　　　　　② 한글
③ 광화문　　　　　　④ 정약용

104.

맹자, 산타클로스, 성인, 생일, 떡국, 명절, 인도, 동물, 평화

① 크리스마스　　　　② 고향
③ 하나님　　　　　　④ 선물

105.

물, 발열, 학교, 생선, 낙타, 남극, 감염병, 음주, 담배

① AI　　　　　　　　② 메르스
③ 뎅기열　　　　　　④ 흡연

106.

미술가, 오스트리아, 그리스, 볼프강, 라파엘로, 피가로의 결혼, 두오모 성당, 프랑스, 사계

① 모차르트　　　　　② 레오나르도 다빈치
③ 교향곡　　　　　　④ 이탈리아

107.

도전, 피해, 의자, 영어, 정상, 신체, 봉우리, 연구, 손가락

① 병원　　　　　　　② 사고
③ 등산　　　　　　　④ 소송

108.

반지, 신입사원, 화환, 선풍기, 전화기, 라디오, 감정, 바람, 주례

① 환기시설　　　　　② 대중매체
③ 결혼식　　　　　　④ 추석

109.

구름, 열쇠, 책꽂이, 기름, 애벌레, 깡통, 약속, 설탕, 사탕

① 자물쇠　　　　　　② 통조림
③ 도서관　　　　　　④ 솜사탕

110.

에스프레소, 퍼즐, 복사기, 화장실, 카페인, 볶음밥, 바리스타, 시계, 계단

① 눈사람　　　　　　② 시장
③ 커피　　　　　　　④ 올림픽

>> **직무해결력(20문항 / 18분)**

111. 아래의 내용을 바탕으로 컨버전스 제품 출시 후 저품질 A의 생산이 중단될 시에 사회적 후생이 줄어들 가능성을 높이는 것을 모두 고르면?

기술의 발달은 개별 제품들의 각 기능을 한 기기 내에 담을 수 있는 가능성을 열어주는데, 이를 '컨버전스(convergence)'라고 부른다. 컨버전스는 사용자의 편의성과 더불어 경쟁의 활성화라는 경제적 효과를 야기하게 된다. 경쟁의 활성화가 소비자의 후생 증진으로 이어지려면 소비자 선택의 다양성이 존중되어야 한다. 선택권을 상실한 소비자의 효용 감소가 매우 크다면, 사회적 후생의 감소로 이어질 가능성이 있다. 예를 들어 제품 A의 시장이 독점적인 성격을 지니고 있어, A를 생산하는 기업이 제품의 차별화를 통하여 이윤 극대화를 도모한다고 가정하자. 그렇다면 저품질(저가) A와 고품질(고가) A를 공급함으로써 소비자 스스로 자신의 조건에 맞는 선택을 하도록 유인하여 이윤을 높이려는 시도를 하게 될 것이다. 이러한 상황에서 A에 서로 대체성이 없는 제품 B의 기능이 추가된 컨버전스 제품 C가 출시되었다고 하자. 이제 C의 시장진입으로 저품질 A의 소비자 그룹을 대상으로 경쟁이 치열하게 전개된다면, A를 생산하는 기업은 저품질 A의 시장을 포기하고, C와의 차별화를 시도할 가능성이 있다. A를 생산하는 기업이 저품질 A의 생산을 중단하고 고품질 A에 특화할 때 사회적 후생이 감소할 가능성이 있다.

〈보기〉
㉠ C는 저품질의 A에 비해 가격이 크게 높다.
㉡ 기술혁신으로 인해 고품질 A의 가격이 하락하게 된다.
㉢ 소비자가 B의 가격에 대해서 민감하게 반응하지 않는다.

① ㉠, ㉡, ㉢   ② ㉠, ㉡
③ ㉠, ㉢   ④ ㉠

112. 어느 날 같은 무예학과 출신인 이순신, 김유신, 강감찬은 주문한 식사가 나오기 전에 아래와 같은 이야기를 하고 있었다. 이들의 대화를 듣고 시간에 따른 버스의 속력을 개략적으로 표현한 것으로써 가장 적절한 것을 고르면?

이순신 : 유신아, 오랜만이야. 어제 너 어디 갔었니? 네가 탄 버스가 지나가는 것을 길에서 보았어.
김유신 : 단군로에서 보았구나. 나 어제 버스 타고 할머니 댁에 갔었는데.
강감찬 : 나도 단군도서관에서 공부하고 집에 가는데, 버스를 타다가 버스에서 내리는 유신이를 만났어.
이순신 : 응, 그랬구나. 단군로는 직선 도로이며, 가로등이 일정한 간격으로 설치되어 있지.
김유신 : 내가 내리기 직전까지 가로등 사이의 구간을 지날 때마다 경과된 시간을 측정해 보았더니 각각 3초, 4초, 5초, 6초, 8초, 16초였어.
강감찬 : 내가 그 버스를 타고 나서부터 버스가 가로등 사이의 구간을 지날 때마다 경과된 시간을 측정해 보았을 때는 16초, 6초, 4초, 3초였는데,

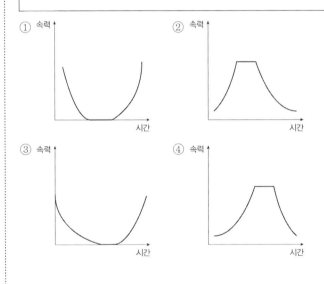

113. 다음 내용은 '담배 소송'에서 인과관계에 대한 원고의 입증책임을 완화할 것인지에 관한 글인데, (A)에는 '공해 소송'에서 인과관계에 대한 원고의 입증책임을 완화하는 이유라고 '법원'이 인정한 것들을 나열하고 있다. 이 때 (A)에 들어가기에 적절한 것을 〈보기〉에서 모두 고르면?

손해배상 사건에서는 원칙적으로 원고가 가해행위와 손해발생 사이의 인과관계를 전부 입증해야 한다. 하지만 환경오염과 관련한 이른바 공해 소송에서는, 다음과 같은 몇 가지 이유로 원고의 입증책임을 완화하는 것이 일반적이다.

(A)

최근 흡연과 폐암 발병 사이의 인과관계를 전제로 하여, 폐암에 걸린 사람들이 담배 제조·판매 회사를 상대로 손해배상을 청구하였다. 이 사건에서 원고들은 흡연으로 인한 폐암발병은 원인 물질이 오랜 기간 인체에 축적됨에 따라 질병이 점진적으로 발현된다는 점에서 공해와 유사하다고 주장하며, 공해 소송에서처럼 입증책임을 완화해 줄 것을 요청하였다. 그러나 법원은 다음과 같이 말하며, 이를 받아들이지 아니하였다. "원고들이 흡연자의 흡연과 폐암 발병 사이의 인과관계의 고리를 자연과학적으로 모두 증명하는 것이 곤란하거나 불가능하기는 하지만, 담배 제조·판매 회사가 흡연자의 폐암 발병에 대한 원인 조사를 더 쉽게 할 수 있는 것도 아니고, 담배 제조·판매 회사에게 흡연과 폐암 발병 사이에 인과관계가 없음을 입증할 사회적 의무가 있음을 인정할 증거도 없으므로, 공해 소송에서의 인과관계 입증책임 완화를 이 사건에 직접 적용할 수는 없다."

〈보기〉
㉠ 오염 물질의 경우 배출은 가해자인 기업의 배타적 지배하에 있는 시설에서 발생한 것이다.
㉡ 기업의 경우 자신이 배출하는 물질이 유해하지 않다는 것을 입증할 사회적인 의무를 부담한다.
㉢ 오염 물질은 고도의 기술집약적인 대량생산 체제에서 배출되므로 기업만이 해당 생산 과정을 알 수 있다.
㉣ 오염 물질의 배출 및 손해 발생 사이 인과관계의 전체 고리를 자연과학적으로 증명하는 것이 곤란하거나 또는 불가능한 경우가 대부분이다.

① ㉠, ㉢
② ㉡, ㉢
③ ㉡, ㉣
④ ㉢, ㉣

114. 아래의 내용은 각각 다른 5개 기업의 시장 점유율 및 판매액에 대한 증가율을 나타낸 그림 및 A~E라는 기업으로 나와 있는 이들 기업의 시장점유율 및 판매액 증가율에 따른 부분적 정보를 나타낸 것이다. 아래에 제시된 자료에 관련한 판단으로 바르지 않은 것은?

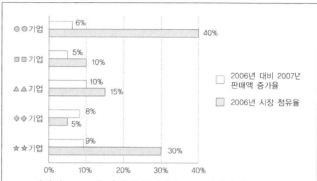

• A 기업의 2007년 판매액 증가율은 8% 이상이다.
• B 기업 및 C 기업 시장점유율의 합은 2006년에 45% 이상이다.
• B 기업과 D 기업의 2007년 판매액 증가율의 차이는 1%p이다.
• 2006년에 가장 작은 시장점유율을 차지한 기업은 D 기업이다.

① A 기업의 2006년의 시장점유율은 10% 이상이다.
② B 기업의 2007년의 판매액 증가율은 7% 이상이다.
③ C 기업의 2006년의 시장점유율이 가장 큰 것은 아니다.
④ D 기업의 2007년의 판매액 증가율은 가장 작다.

115. 아래의 주어진 글을 읽고 갑의 추리가 전제하고 있는 것을 모두 고르면?

낭포성 섬유증은 치명적 유전 질병으로 현대 의학이 발달하기 전에는 이 질병을 가진 사람은 어린 나이에 죽었다. 지금도 낭포성 섬유증을 가진 사람은 대개 청년기에 이르기 전에 사망한다. 낭포성 섬유증은 백인에게서 3,000명에 1명 정도의 비율로 나타나며 인구의 약 5% 정도가 이 유전자를 가지고 있다. 진화생물학 이론에 의하면 유전자는 자신이 속하는 종에 어떤 이점을 줄 때에만 남아 있다. 만일 어떤 유전자가 치명적 질병과 같이 생물에 약점으로 작용한다면 이 유전자를 가지고 있는 생물은 그렇지 않은 생물보다 생식할 수 있는 기회가 줄어들기 때문에, 이 유전자는 궁극적으로 유전자 풀(pool)에서 사라질 것이다. 낭포성 섬유증 유전자는 이 이론으로 설명할 수 없는 것으로 보인다.

1994년 미국의 과학자 갑은 흥미로운 실험 결과를 발표하였다. 정상 유전자를 가진 쥐에게 콜레라 독소를 주입하자 쥐는 심한 설사로 죽었다. 그러나 낭포성 섬유증 유전자를 1개 가지고 있는 쥐는 독소를 주입한 다음 설사 증상을 보였지만 그 정도는 낭포성 섬유증 유전자가 없는 쥐에 비해 반 정도였다. 낭포성 섬유증 유전자를 2개 가진 쥐는 독소를 주입한 후에도 전혀 증상을 보이지 않았다. 낭포성 섬유증 증세를 보이는 사람은 장과 폐로부터 염소이온을 밖으로 퍼내는 작용을 정상적으로 하지 못한다. 반면 콜레라 독소는 장으로부터 염소이온을 비롯한 염분을 과다하게 분비하게 하고 이로 인해 물을 과다하게 배출시켜 설사를 일으킨다. 이 결과로부터 갑은 낭포성 섬유증 유전자의 작용이 콜레라 독소가 과도한 설사를 일으키는 메커니즘을 막기 때문에, 낭포성 섬유증 유전자를 가진 사람이 콜레라로부터 보호될 수 있을 것이라고 추측하였다. 그러므로 1800년대에 유럽을 강타했던 콜레라 대유행에서 낭포성 섬유증 유전자를 가진 사람이 살아남기에 유리했다고 주장하였다.

〈보기〉
㉠ 쥐에서 나타나게 되는 질병의 양상은 인간에게도 비슷하게 적용된다.
㉡ 낭포성 섬유증은 백인 외의 인종에서는 드문 유전 질병이다.
㉢ 콜레라 독소는 콜레라균에 감염되었을 시와 동일한 증상을 유발한다.
㉣ 낭포성 섬유증 유전자를 가진 모든 인간이 낭포성 섬유증으로 인해 청년기 전에 사망하는 것은 아니다.

① ㉠, ㉡, ㉣
② ㉠, ㉢, ㉣
③ ㉡, ㉢, ㉣
④ ㉠, ㉣

116. 다음의 글이 표현하고자 하는 논지를 옳게 설명한 것을 고르면?

'정신의 과학'에서 '행동의 과학'으로 심리학의 정의를 바꾸어 놓았던 행동주의자들은 관찰 불가능한 심리 상태를 나타내는 언어들을 순수하게 행동을 기술하는 언어로 대치함으로써 심리학에서 심리 언어를 제거하려 하였다. 어떤 행동주의자들은 심리 상태들이 행동 또는 행동 성향을 기술하는 말로 정의될 수 있다고 생각하였다. 'x는 수용성 물질이다.'는 '만일 x를 물에 넣으면 x는 녹을 것이다.'로 정의할 수 있는 것처럼 무엇을 '바란다'는 심리 상태는 행동의 성향을 나타내는 말로 정의되리라는 것이다. 예컨대 '철수는 제주도에서 휴가 보내기를 바란다.'는 다음과 같이 정의된다.

(1) 만일 그것이 바라는 바냐고 질문 받으면 그렇다고 대답할 것이다. 그리고 (2) 제주도 관광 안내서와 설악산 관광안내서를 받으면 제주도 관광 안내서를 읽을 것이다. 그리고 (3) 제주도 항공권과 숙박권을 얻으면 제주도로 갈 것이다. 그리고 ……

이러한 정의는 구성 항목을 무한정 늘려도 완전한 정의에 도달할 수 없다는 어려움이 있다. 제주도에서 휴가 보내기를 바라는 철수의 심리 상태는 지금까지 아무도 생각하지 못한 행동으로 표현될 수도 있다. 주말이면 북한산에 올라 남쪽하늘을 바라보는 행동이 그 한 예이다. 우리가 이렇게 열린 정의에 만족한다고 해도, 여전히 문제는 남는다. 이와 같은 정의가 성립하려면 철수의 다른 여러 심리 상태들에 대한 가정이 필요하다. 예를 들어, 철수가 자신의 이 바람을 감추려 한다면 (1)은 거짓일 수 있으며, 제주도 관광 안내서에 싫증이 나서 더 이상 보고 싶지 않을 경우에는 (2)가 거짓일 수 있고, 제주도행 비행기가 추락하리라고 믿는다면 (3)이 거짓일 수 있는 것이다.

① 각각의 심리 언어는 정의에 의해 무한히 다양한 행동들과 연결될 수 있다.
② 심리 언어에 대한 행동주의적인 정의는 인간의 합리성을 전제할 때에만 성립한다.
③ 행동주의적인 정의가 성립한다면 심리학에서 심리 언어가 완전히 제거될 것이다.
④ 심리 언어는 다시 심리 언어를 끌어들이지 않고서는 행동의 성향으로 정의될 수 없다.

117. 외국계 은행인 A 은행 서울지사에 근무하는 甲과, 런던지사에 근무하는 乙, 시애틀지사에 근무하는 丙은 같은 프로젝트를 진행하면서 다음과 같이 영상업무회의를 진행하였다. 회의 시각은 런던을 기준으로 11월 1일 오전 9시이고, 런던은 GMT+0, 서울은 GMT+9, 시애틀은 GMT−7을 표준시로 사용한다. 회의록을 바탕으로 할 때 빈칸에 들어갈 일시는?

甲 : 제가 프로젝트에서 맡은 업무는 오늘 오후 10시면 마칠 수 있습니다. 런던에서 받아서 1차 수정을 부탁드립니다.

乙 : 네, 저는 甲님께서 제시간에 끝내 주시면 다음날 오후 3시면 마칠 수 있습니다. 시애틀에서 받아서 마지막 수정을 부탁드립니다.

丙 : 알겠습니다. 저는 앞선 두 분이 제시간에 끝내 주신다면 서울을 기준으로 모레 오전 10시면 마칠 수 있습니다. 제가 업무를 마치면 프로젝트가 최종 마무리 되겠군요.

甲 : 잠깐, 다들 말씀하신 시각의 기준이 다른 것 같은데요? 저는 처음부터 런던을 기준으로 이해하고 말씀드렸습니다.

乙 : 저는 처음부터 시애틀을 기준으로 이해하고 말씀드렸는데요?

丙 : 저는 처음부터 서울을 기준으로 이해하고 말씀드렸습니다. 그렇다면 계획대로 진행될 때 서울을 기준으로 (   )에 프로젝트를 최종 마무리할 수 있겠네요.

甲, 乙 : 네, 맞습니다.

---

① 11월 2일 오후 3시

② 11월 2일 오후 11시

③ 11월 3일 오전 10시

④ 11월 3일 오후 7시

118. H 기업 영업부장인 甲은 차장 乙 그리고 직원 丙, 丁과 함께 총 4명이 장거리 출장이 가능하도록 배터리 완전충전 시 주행거리가 200km 이상인 전기자동차 1대를 선정하여 구매팀에 구매를 의뢰하려고 한다. 다음을 근거로 판단할 때, 甲이 선정하게 될 차량은?

❑ 배터리 충전기 설치
- 구매와 동시에 회사 주차장에 배터리 충전기를 설치하려고 하는데, 배터리 충전시간(완속 기준)이 6시간을 초과하지 않으면 완속 충전기, 6시간을 초과하면 급속 충전기를 설치하려고 한다.

❑ 정부 지원금
- 정부는 전기자동차 활성화를 위하여 전기자동차 구매 보조금을 구매와 동시에 지원하고 있는데, 승용차는 2,000만 원, 승합차는 1,000만 원을 지원하고 있다. 승용차 중 경차는 1,000만 원을 추가로 지원한다.
- 배터리 충전기에 대해서는 완속 충전기에 한하여 구매 및 설치비용을 구매와 동시에 전액 지원하며, 2,000만 원이 소요되는 급속 충전기의 구매 및 설치비용은 지원하지 않는다.

❑ 차량 선택
- 배터리 충전기 설치와 정부 지원금을 감안하여 甲은 차량 A~D 중에서 실구매 비용(충전기 구매 및 설치비용 포함)이 가장 저렴한 차량을 선택하려고 한다. 단, 실구매 비용이 동일할 경우에는 '점수 계산 방식'에 따라 점수가 가장 높은 차량을 구매하려고 한다.

❑ 점수 계산 방식
- 최고속도가 120km/h 미만일 경우에는 120km/h를 기준으로 10km/h가 줄어들 때마다 2점씩 감점
- 승차 정원이 4명을 초과할 경우에는 초과인원 1명당 1점씩 가점

❑ 구매 차량 후보

차량	A	B	C	D
최고속도(km/h)	130	100	140	120
완전충전 시 주행거리(km)	250	200	300	300
충전시간(완속 기준)	7시간	5시간	4시간	5시간
승차 정원	6명	8명	4명	5명
차종	승용	승합	승용(경차)	승용
가격(만 원)	5,000	6,000	8,000	8,000

① A

② B

③ C

④ D

119. ○○기업은 甲, 乙, 丙 3개 신문사를 대상으로 광고비를 지급하기 위해 3가지 선정 방식을 논의 중에 있다. 3개 신문사의 현황이 다음과 같을 때, 〈선정 방식〉에 따라 판단한 내용으로 옳지 않은 것은?

❑ 신문사 현황

신문사	발행부수(부)	유료부수(부)	발행기간(년)
甲	30,000	9,000	5
乙	30,000	11,500	10
丙	20,000	12,000	12

※ 발행부수 = 유료부수 + 무료부수

❑ 선정 방식

• 방식 1 : 항목별 점수를 합산하여 고득점 순으로 500만 원, 300만 원, 200만 원을 광고비로 지급하되, 80점 미만인 신문사에는 지급하지 않는다.

평가 항목	항목별 점수			
발행 부수 (부)	20,000 이상	15,000~ 19,999	10,000~ 14,999	10,000 미만
	50점	40점	30점	20점
유료 부수 (부)	15,000 이상	10,000~ 14,999	5,000~ 9,999	5,000 미만
	30점	25점	20점	15점
발행 기간 (년)	15 이상	12~14	9~11	6~8
	20점	15점	10점	5점

※ 항목별 점수에 해당하지 않을 경우 해당 항목을 0점으로 처리한다.

• 방식 2 : A등급에 400만 원, B등급에 200만 원, C등급에 100만 원을 광고비로 지급하되, 등급별 조건을 모두 충족하는 경우에만 해당 등급을 부여한다.

등급	발행부수(부)	유료부수(부)	발행기간(년)
A	20,000 이상	10,000 이상	10 이상
B	10,000 이상	5,000 이상	5 이상
C	5,000 이상	2,000 이상	2 이상

※ 하나의 신문사가 복수의 등급에 해당할 경우, 그 신문사에게 가장 유리한 등급을 부여한다.

• 방식 3 : 1,000만 원을 발행부수 비율에 따라 각 신문사에 광고비로 지급한다.

① 甲은 방식 3이 가장 유리하다.

② 乙은 방식 2가 가장 유리하다.

③ 丙은 방식 1이 가장 유리하다.

④ 방식 1로 선정할 경우, 甲은 200만 원의 광고비를 지급받는다.

120. 甲 공단 재무부에서 근무하는 乙은 2018년도 예산을 편성하기 위해 2017년에 시행되었던 정책 A~F에 대한 평가를 실시하였다. 평가 결과가 다음과 같을 때 乙이 분석한 내용으로 잘못된 것은?

❑ 정책 평가 결과

(단위 : 점)

정책	계획의 충실성	계획 대비 실적	성과지표 달성도
A	96	95	76
B	93	83	81
C	94	96	82
D	98	82	75
E	95	92	79
F	95	90	85

• 정책 평가 영역과 각 영역별 기준 점수는 다음과 같다.
– 계획의 충실성 : 기준 점수 90점
– 계획 대비 실적 : 기준 점수 85점
– 성과지표 달성도 : 기준 점수 80점

• 평가 점수가 해당 영역의 기준 점수 이상인 경우 '통과'로 판단하고 기준 점수 미만인 경우 '미통과'로 판단한다.

• 모든 영역이 통과로 판단된 정책에는 전년과 동일한 금액을 편성하며, 2개 영역이 통과로 판단된 정책에는 전년 대비 10% 감액, 1개 영역만 통과로 판단된 정책에는 15% 감액하여 편성한다. 다만 '계획 대비 실적' 영역이 미통과인 경우 위 기준과 상관없이 15% 감액하여 편성한다.

• 2017년도 재무부의 A~F 정책 예산은 각각 20억 원으로 총 120억 원이었다.

① 전년과 동일한 금액의 예산을 편성해야 하는 정책은 총 2개이다.

② 재무부의 2018년도 A~F 정책 예산은 전년 대비 9억 원이 줄어들 것이다.

③ '성과지표 달성도' 영역에서 '통과'로 판단된 경우에도 예산을 감액해야 하는 정책이 있다.

④ 예산을 전년 대비 15% 감액하여 편성하는 정책들은 모두 '계획 대비 실적' 영역이 '미통과'로 판단되었을 것이다.

121. 올해로 20살이 되는 5명의 친구들이 바다로 추억여행을 떠나기 위해 목적지, 교통편 등을 알아보고 마지막으로 숙소를 정하게 되었다. 도중에 이들은 국내 숙박업소에 대한 예약·취소·환불에 관한 기사 및 그래프를 접하게 되었다. 이를 보고 내용을 잘못 파악하고 있는 사람이 누구인지 고르면?

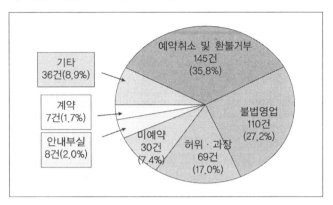

① A : 그래프에서 보면 숙박 애플리케이션 이용자들은 예약취소 및 환불 거부 등에 가장 큰 불만을 가지고 있음을 알 수 있어.

② B : 불법영업 및 허위·과장 등도 A가 지적한 원인 다음으로 많은데 이 두 건의 차이는 41건이야.

③ C : 국내하고는 다르게 해외 업체의 경우에는 주로 불법영업 단속 요청이 많음을 알 수 있어.

④ D : 위 그래프에 제시된 것으로 보아 이용자들이 불편을 느끼는 부분들에 대해 1순위는 예약취소 및 환불거부, 2순위는 불법영업, 3순위는 허위·과장, 4순위는 미예약, 5순위는 안내부실, 6순위는 계약, 7순위는 기타의 순이야.

122. 아래의 자료는 A 지역의 2017~2018년 상반기 대비 5대 범죄의 발생을 분석한 표이다. 이를 참조하여 예측 및 분석한 내용으로 가장 거리가 먼 것을 고르면?

〈17년~18년 상반기 대비 5대 범죄 발생 분석〉

구분	계	살인	강도	강간	절도	폭력
18년	934	2	6	46	360	520
17년	1,211	2	8	39	601	561
대비	−277 (−22.9%)	0	−2 (−25%)	+7 (7.9%)	−241 (−40.1%)	−41 (−7.3%)

① 살인의 경우에는 2017~2018년 동기간 동안 동일한 건수를 기록하고 있다.

② 강간의 경우에는 2017년 대비 2018년에는 7건 정도가 증가하였으며, 폭력의 경우에는 41건 정도가 감소함을 알 수 있다.

③ 자료를 보면 치안 담당자들이 전반적으로 해당 지역의 정보를 공유하지 않고 범죄 검거에 대한 의지가 약함을 알 수 있다.

④ 표를 보면 5대 범죄 중 가장 괄목할만한 것은 민생치안 및 체감안전도와 직결되는 절도의 경우에 2018년에 360건이 발생하여 전년 601건 대비 240건 정도 감소했다.

123. 주공정(Critical Path)이란 작업 개시에서 종료까지의 작업을 조합시킨 경로 중에서 가장 긴 경로, 전체 공정 중 시간이 가장 많이 걸리는 경로(다시 말해 정해진 주공정의 일수를 넘지 아니한다)를 의미한다. 어느 날 현장공사 소장 A는 아파트 시공을 수주 받아 공사를 할 예정이다. 하지만 건설사의 요청으로 인해 빠른 시일 내에 공사를 끝내야 한다. 이때 주공정의 개념을 도입하여 공사소장인 A가 공사 일정이 얼마나 걸릴 건지에 대해 건설사 대표에게 보고를 할 때 아래의 공정도표(일정표)에서 나타나는 주공정을 계산하여 그 값을 보고해야 한다. 그렇다면 아래의 공정도표를 보고 주공정이 얼마인지 구하면? (아래의 도표는 아파트 공사 시작(A)에서 완료(H)까지 나타낸 일정표이다.)

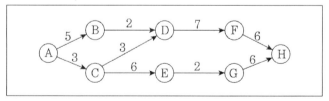

① 20일　　　　　② 19일
③ 18일　　　　　④ 17일

124. 강원 지역에 5개 공장이 입주하였다. 공장의 입지 결정 과정에서 고려할 수 있는 입지 요인은 A, B, C, D, E의 5가지 경우이다. 이때 다음 조건을 충족시킬 시에 참인 진술을 모두 고르면?

- A를 고려한 공장은 2개이다.
- B를 고려한 공장은 3개이다.
- C를 고려한 공장은 1개이다.
- D를 고려한 공장은 1개이다.
- E를 고려한 공장은 2개이다.

〈보기〉

㉠ 전체 공장이 1개 이상의 입지 요인을 고려하였을 시에 같은 수의 입지 요인을 고려한 공장은 3개일 수 없다.

㉡ 전체 공장이 1개 이상의 입지 요인을 고려하였을 시에 5개의 입지 요인을 모두 고려한 공장이 있을 수 있다.

㉢ 전체 공장이 1개 이상의 입지 요인을 고려하였고, 2개 이상의 입지 요인을 고려한 공장이 2개 있는 경우에 3개의 입지 요인을 고려한 공장이 가장 많은 입지 요인을 고려한 것이다.

㉣ 어떠한 입지 요인도 고려하지 않은 공장이 있는 경우에 같은 수의 입지 요인을 고려한 공장은 4개일 수 없다.

① ㉠, ㉡

② ㉠, ㉣

③ ㉡, ㉣

④ ㉠, ㉡, ㉢

125. ㈜○○의 김 대표는 비서로부터 5월 중 자재에 관한 거래 내역을 보고받았으며 그 내역은 다음과 같다. 이때 아래의 자료를 기반할 때 선입선출(FIFO) 방법으로 5월에 출고한 자재의 재료비를 구하면?

일자	활동내역	개수	단가
5월 2일	매입	50개	₩100
5월 10일	매입	50개	₩120
5월 15일	출고	60개	
5월 20일	매입	50개	₩140
5월 24일	출고	70개	

① ₩10,536

② ₩11,090

③ ₩13,450

④ ₩15,200

126. 연중 가장 무더운 8월의 어느 날 우진이는 여자친구, 두 명의 조카들과 함께 서울고속버스터미널에서 출발하여 부산고속버스터미널까지 가는 왕복 프리미엄 고속버스로 휴가를 떠나려고 한다. 이때 아래에 나타난 자료 및 조건을 토대로 우진이와 여자친구, 조카들의 프리미엄 고속버스의 비용을 구하면?

〈주어진 조건〉

- 조카 1(남 : 만 3세)
- 조카 2(여 : 만 6세)
- 서울에서 부산으로 가는 동안(하행선) 조카 1은 우진이의 무릎에 앉아서 가며, 반대로 부산에서 서울로 올라올 시(상행선)에는 좌석을 지정해서 간다.

〈자료〉

1. 서울-부산 간 프리미엄 고속버스 운임요금은 37,000원이다.
2. 만 4세 미만은 어른 요금의 75%를 할인 받는다.
3. 만 4~6세 사이는 어른 요금의 50%를 할인 받는다.
4. 만 4세 미만의 경우에는 승차권을 따로 구매하지 않고 해당 보호자와 함께 동승이 가능하다.

① 162,798원

② 178,543원

③ 194,250원

④ 205,840원

127. 아래의 표는 어느 TV 제조업체의 최근 5개월 동안 컬러 TV 판매량을 나타낸 것이다. 6월의 컬러 TV 판매량을 단순이동평균법, 가중이동평균법, 단순지수평활법을 이용하여 예측한 값을 각각 ㉠, ㉡, ㉢이라고 할 때, 그 크기를 비교한 것으로 옳은 것을 고르면?

□ 1~5월 컬러 TV 판매량

(단위 : 천대)

	1월	2월	3월	4월	5월	6월
판매량	10	14	9	13	15	
가중치	0.0	0.1	0.2	0.3	0.4	

□ 6월 컬러 TV 판매량 예측

- 6월의 컬러 TV 판매량은 단순이동평균법, 가중이동평균법, 단순지수평활법을 이용하여 예측할 수 있다.
- 이동평균법에서 주기는 4개월로 한다.
- 단순지수평활법을 이용하기 위해서는 전월의 예측치, 전월의 실제치, 지수평활계수가 필요하며 이를 식으로 나타내면 당월 예측치 = 전월 예측치 + 지수평활계수(전월 실제치 − 전월 예측치)이다.
- 지수평활계수는 0.4를 적용한다.
- 전월의 예측치가 없을 경우 단순이동평균법에 따른 예측치를 사용한다.

① ㉠ > ㉡ > ㉢

② ㉡ > ㉠ > ㉢

③ ㉠ > ㉢ > ㉡

④ ㉡ > ㉢ > ㉠

128. 甲공단에 근무하는 乙은 빈곤과 저출산 문제를 해결하기 위한 대안을 분석 중이다. 상황이 다음과 같을 때, 대안별 월 소요 예산 규모를 비교한 것으로 옳은 것은?

◈ 현재 상황

• 전체 1,500가구는 자녀 수에 따라 네 가지 유형으로 구분할 수 있는데, 그 구성은 무자녀 가구 300가구, 한 자녀 가구 600가구, 두 자녀 가구 500가구, 세 자녀 이상 가구 100가구이다.

• 전체 가구의 월 평균 소득은 200만 원이다.

• 각 가구 유형의 30%는 맞벌이 가구이다.

• 각 가구 유형의 20%는 빈곤 가구이다.

◈ 대안

A안 : 모든 빈곤 가구에게 전체 가구 월 평균 소득의 25%에 해당하는 금액을 가구당 매월 지급한다.

B안 : 한 자녀 가구에는 10만 원, 두 자녀 가구에는 20만 원, 세 자녀 이상 가구에는 30만 원을 가구당 매월 지급한다.

C안 : 자녀가 있는 모든 맞벌이 가구에 자녀 1명당 30만 원을 매월 지급한다. 다만 세 자녀 이상의 맞벌이 가구에는 일률적으로 가구당 100만 원을 매월 지급한다.

---

① A < B < C ② A < C < B

③ B < A < C ④ B < C < A

129. 일반적으로 기업에서는 무분별한 자원(인적, 물적 자원)의 낭비를 지양하고자 한다. 특히 제품을 시장에 출시할 때에는 더욱 그렇다. 이때 A기업은 연간 수요가 400개인 제품을 경제적 주문량 모형(EOQ ; Economic Order Quantity)을 이용하여 발주하고 있다. 제품의 개당 가격은 50원, 1회 발주비용이 20원, 단위당 연간 재고 유지비용은 제품가격의 20%이다. 제품을 만드는 데 있어 불필요한 자원의 낭비를 줄일 수 있는 방향으로 목표를 잡았을 시에 A기업의 연간 최적 발주횟수(회)는?

① 1 ② 5

③ 10 ④ 15

130. 기업에서의 자원관리능력은 실제 직장생활에서 업무를 수행함에 있어 시간, 예산, 물적 자원, 인적자원 등이 얼마나 필요한지 확인하고, 확보하여, 계획대로 활용할 수 있도록 하는데 중점을 두어야 하며, 실제 업무와의 상황과 밀접하게 계획을 한다. 아래의 사례는 각 4개 지점간의 거리와 각 지점에서의 취급 물동량이 다음과 같을 때, 거리만을 고려한 최적의 물류 거점의 입지(㉠)와 거리 및 물동량을 고려한 최적의 물류거점의 입지(㉡)로 옳은 것을 고르면?

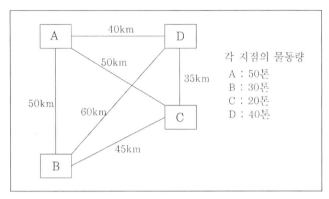

① ㉠ : B, ㉡ : A

② ㉠ : B, ㉡ : A

③ ㉠ : B, ㉡ : C

④ ㉠ : C, ㉡ : A

KT그룹

종합인적성검사

인문계

정답 및 해설

SEOW⊙NGAK

(주)서원각

>> **지각정확력**

1 ②

Å	¢	¥	¢	℃	£
£	℃	°F	Å	£	∬
¥	°F	¢	¥	♪	°F
℃	£	℃	£	¢	♪
¢	Å	♪	∬	¥	℃
¥	°F	¥	℃	♪	°F

2 ③

Å	¢	¥	¢	℃	£
£	℃	°F	Å	£	∬
¥	°F	¢	¥	♪	°F
℃	£	℃	£	¢	♪
¢	Å	♪	∬	¥	℃
¥	°F	¥	℃	♪	°F

3 ④

Å	¢	¥	¢	℃	£
£	℃	°F	Å	£	∬
¥	°F	¢	¥	♪	°F
℃	£	℃	£	¢	♪
¢	Å	♪	∬	¥	℃
¥	°F	¥	℃	♪	°F

4 ①

Å	¢	¥	¢	℃	£
£	℃	°F	Å	£	∬
¥	°F	¢	¥	♪	°F
℃	£	℃	£	¢	♪
¢	Å	♪	∬	¥	℃
¥	°F	¥	℃	♪	°F

5 ③

Å	¢	¥	¢	℃	£
£	℃	°F	Å	£	∬
¥	°F	¢	¥	♪	°F
℃	£	℃	£	¢	♪
¢	Å	♪	∬	¥	℃
¥	°F	¥	℃	♪	°F

6 ②

A	C	Z	B	A	C
X	B	E	A	C	X
C	Y	C	X	Y	B
E	A	D	W	Z	Z
Y	Z	B	Z	E	C
X	E	Y	C	A	V

7 ③

A	C	Z	B	A	C
X	B	E	A	C	X
C	Y	C	X	Y	B
E	A	D	W	Z	Z
Y	Z	B	Z	E	C
X	E	Y	C	A	V

8 ①

A	C	Z	B	A	C
X	B	E	A	C	X
C	Y	C	X	Y	B
E	A	D	W	Z	Z
Y	Z	B	Z	E	C
X	E	Y	C	A	V

9 ④

A	C	Z	B	A	C
X	B	E	A	C	X
C	Y	C	X	Y	B
E	A	D	W	Z	Z
Y	Z	B	Z	E	C
X	E	Y	C	A	V

10 ③

A	C	Z	B	A	C
X	B	E	A	C	X
C	Y	C	X	Y	B
E	A	D	W	Z	Z
Y	Z	B	Z	E	C
X	E	Y	C	A	V

11 ④

가을	가지	가구	가을	가열	가족
가열	가방	가상	가망	가치	가지
가지	가사	가방	가열	가사	가구
가구	가을	가사	가상	가구	가축
가방	가열	가망	가지	가사	가망
가족	가지	가구	가상	가망	가을

12 ②

가을	가지	가구	가을	가열	가족
가열	가방	가상	가망	가치	가지
가지	가사	가방	가열	가사	가구
가구	가을	가사	가상	가구	가축
가방	가열	가망	가지	가사	가망
가족	가지	가구	가상	가망	가을

13 ③

가을	가지	가구	가을	가열	가족
가열	가방	가상	가망	가치	가지
가지	가사	가방	가열	가사	가구
가구	가을	가사	가상	가구	가축
가방	가열	가망	가지	가사	가망
가족	가지	가구	가상	가망	가을

14 ②

가을	가지	가구	가을	가열	가족
가열	가방	가상	가망	가치	가지
가지	가사	가방	가열	가사	가구
가구	가을	가사	가상	가구	가축
가방	가열	가망	가지	가사	가망
가족	가지	가구	가상	가망	가을

15 ③

가을	가지	가구	가을	가열	가족
가열	가방	가상	가망	가치	가지
가지	가사	가방	가열	가사	가구
가구	가을	가사	가상	가구	가축
가방	가열	가망	가지	가사	가망
가족	가지	가구	가상	가망	가을

16 ①

↖는 위 기호 무리에 제시되지 않았다.

17 ②

↩는 위 기호 무리에 제시되지 않았다.

18 ③

⇈는 위 기호 무리에 제시되지 않았다.

19 ④

⇝는 위 기호 무리에 제시되지 않았다.

20 ④

↕는 위 기호 무리에 제시되지 않았다.

21 ②

≒는 위 기호 무리에 제시되지 않았다.

22 ④

=:는 위 기호 무리에 제시되지 않았다.

23 ③

≃는 위 기호 무리에 제시되지 않았다.

24 ③

∵.는 위 기호 무리에 제시되지 않았다.

25 ①

≒는 위 기호 무리에 제시되지 않았다.

26 ③

'시계'는 위 문자 무리에 제시되지 않았다.

27 ④

'질소'는 위 문자 무리에 제시되지 않았다.

28 ④

'화장'은 위 문자 무리에 제시되지 않았다.

29 ②

'바지'는 위 문자 무리에 제시되지 않았다.

30 ①

'노랑'은 위 문자 무리에 제시되지 않았다.

>> 언어추리력

31 ①

아버지는 비가 오면 작은아들이 걱정되고, 비가 오지 않으면 큰아들이 걱정될 것이다.

32 ③

열매보다 더 좋은 것은 꽃이지만, 열매와 씨 사이에 더 좋은 것이 무엇인지는 알 수 없다.

33 ③

전건부정의 문장으로 전건을 부정하였으므로 후건을 부정한 것으로 결론을 도출해 내야 하지만 결론이 거짓이 될 수도 있기 때문에 별이 하늘인지 아닌지 알 수 없는 게 답이 된다.

34 ①

두 번째 조건에 의해 '어떤 C는 B이다.'가 성립하므로 참이 된다.

35 ②

두 번째 조건의 대우는 '한 달에 소설책을 한 권 이상 읽으면 파란색을 좋아한다.'가 된다.

36 ③

전체적으로 문제의 내용을 정리하여 보면 다음과 같은 조건을 알 수 있다.
두 번째 조건을 정리하면 병 < 갑 < 무
세 번째 조건을 정리하면 을 < 정, 갑
네 번째 조건을 정리하면 을 < 병 < 정
정이 가장 많이 받는 사람이 아니므로 을 < 병 < 갑, 정 < 무
따라서 주어진 조건으로는 세 번째로 월급이 많은 사람이 갑인지, 정인지 알 수 없다.

37 ②

을 < 병 < 갑, 정 < 무이므로 월급이 가장 많은 무는 월급을 50만 원 받고 갑과 정은 각각 40만 원 또는 30만 원을 받으며, 병은 20만 원, 을은 10만 원을 받는다. 무와 병의 월급은 30만 원 차이가 난다.

38 ③

을의 월급은 10만 원, 무의 월급은 50만 원이므로 합하면 60만 원이다.
병의 월급은 20만 원이지만 갑이 40만 원을 받는지 30만 원을 받는지 알 수 없으므로 을과 무의 월급의 합은 갑과 병의 월급의 합보다 많을 수도 있고, 같을 수도 있다.

39 ①

조건에 대해 전체적으로 정리를 하면
현명한 사람 → 거짓말을 하지 않는다.
건방진 사람 → 남의 말을 듣지 않는다.
거짓말을 하지 않으면 → 다른 사람의 신뢰를 얻는다.
남의 말을 듣지 않으면 → 친구가 없다.
현명한 사람 → 거짓말을 하지 않는다. → 다른 사람의 신뢰를 얻는다.

40 ②

위 조건들의 대우를 살펴보면
거짓말을 하면 현명하지 않은 사람이다.
남의 말을 들으면 건방지지 않은 사람이다.
다른 사람의 신뢰를 얻지 못하면 거짓말을 한다.
친구가 있으면 남의 말을 듣는다.
따라서 친구가 있으면 건방지지 않은 사람이다.

41 ①

㉠ 갑이 진실인 경우 : 갑에 의해 을은 절도범이 된다. 그러나 병의 말이 거짓말이므로 병이 훔쳤다는 말이 되는데 갑의 말과 모순된다.

㉡ 을이 진실인 경우 : 을에 의해 정은 절도범이 된다. 그러나 병의 말이 거짓말이므로 병이 훔쳤다는 말이 되는데 을의 말과 모순된다.

㉢ 병이 진실인 경우 : 을의 말과 정의 말이 모순된다.

㉣ 정이 진실인 경우 : 갑과 을에 의해 을과 정은 절도를 하지 않았다. 병은 거짓말을 하고 있으므로 병은 절도범이다.

42 ①

제시된 조건 중 첫 번째와 두 번째는 변수가 생길 수 있는 것이나, 세 번째와 네 번째 조건을 통해 확실한 위치를 추론할 수 있다.

43 ②

첫 번째 내용과 세 번째 내용, 네 번째 내용에 의해 E > B > A > C임을 알 수 있다.
두 번째 내용에서 D는 C보다 나이가 적으므로 E > B > A > C > D이다.

44 ②

A와 B의 말이 다르므로 둘 중에 한 명은 거짓말을 하고 있다. A가 거짓말이라면, D가 깬 것이 되는데 C의 말과 모순되므로 A는 거짓말을 하고 있지 않다.

45 ①

B가 거짓말이라면 D는 깨지 않았고, C의 말에 의해 B가 깼다는 것을 알 수 있다. 따라서 거짓말을 한 아이는 B이다. B가 거짓을 말했다면 C의 말에 의해 B가 꽃병을 깼음을 알 수 있다.

46 ①

조건을 전체적으로 정리해 보면
유진이는 화요일에 학교에 가지 않으므로 수요일에는 학교에 간다.
수요일에는 학교에 가므로 금요일에는 학교에 간다.
금요일에는 학교에 가므로 월요일에는 학교를 가지 않는다.
월요일에는 학교에 가지 않으므로 목요일에는 학교에 간다.
따라서 유진이가 학교에 가는 요일은 수, 목, 금이다.

47 ②

금요일에는 학교에 가므로 월요일에는 학교를 가지 않는다.

48 ①

달리기를 잘하는 순서를 살펴보면 D > A > B가 된다.

49 ②

수영을 잘하는 순서를 살펴보면 B > C > D가 된다.

50 ③

민수가 고등학생이 아니라고 해서 학교에 다니지 않는지는 알 수 없다.

>> 판단력

51 ③

지역에 따른 아리랑의 종류, 이들 민요의 차이점을 대표적인 민요를 예로 들어 비교 설명하고 있으나, 대상의 개념을 명확하게 정의하는 것은 없다.

52 ②

둘째 단락을 보면 아리스토텔레스와 니체의 견해를 중심으로 비극을 즐기는 이유에 대하여 설명을 하고 있으므로 ②가 적당하다.

53 ④

묘사… 글쓴이가 대상으로부터 받은 인상을 읽는 이에게 동일하게 받게 하거나 상상적으로 똑같이 체험하게 하려는 목적으로 대상을 그려내는 서술 방식으로 주관적 묘사와 객관적 묘사로 분류할 수 있다.

54 ③

지문은 무엇인가를 판단할 때 다른 사람의 판단을 일차적으로 고려하는 것에 대한 내용이다.
③ 순이 자신이 발품을 팔아 얻은 정보를 이용하여 값이 싼 곳에서 물건을 사는 것은 자신의 판단을 기준으로 하는 것이다.

55 ②

이 글은 '문화의 다양성'을 말하고 있다. 따라서 개를 식용으로 하는 우리나라와 그렇지 않은 나라의 차이점을 언급하는 ⓛ이 두 부분을 나누는 지점이라고 할 수 있다.

56 ③

생각과 말은 일정한 관련이 있으므로(전제) 생각은 말로 표현되어야 한다(주장).

57 ④

④ 제시된 지문에서는 캥거루족이 증가하고 있는 사실에 대해서만 서술하고 있을 뿐 그 원인이 실업 때문이라는 언급은 없다.

58 ①

이 글의 중심문장은 마지막 문장이다. 즉 신문은 자신들의 이해 관계에 따라 진실을 왜곡하려는 권력과 이익집단, 그 구속과 억압의 논리로부터 자유로워야 한다.

59 ④

ⓒⓛ 영어 공용화를 통한 다원주의적 문화 정체성 확립 및 필요성→ⓜ 다양한 민족어를 수용한 싱가포르의 문화적 다원성의 체득→ⓞ 말레이민족 우월주의로 인한 문화적 다원성에 뒤처짐→ⓡ 단일 민족 단일 모국어 국가의 다른 상황

60 ④

제시된 문장에서 '신화'는 '사람들이 맹목적으로 믿고 있는 일'의 의미로 쓰였다.
① 신비스러운 일
②③ 절대적이고 획기적인 업적

61 ①

주마가편(走馬加鞭) … 달리는 말에 채찍질 한다는 뜻으로, 잘하는 사람을 더욱 장려함을 이르는 말이다.
② **주마간산(走馬看山)** : 말을 타고 달리며 산천을 구경한다는 뜻으로, 자세히 살피지 않고 대충대충 보고 넘김을 이르는 말이다.
③ **절치부심(切齒腐心)** : 몹시 분하여 이를 갈며 속을 썩이는 것을 뜻하는 말이다.
④ **견문발검(見蚊拔劍)** : 모기를 보고 칼을 뺀다는 뜻으로, 사소한 일에 크게 성을 내어 덤

62 ②

ⓛ의 '소설만 그런 것이 아니다.'라는 문장을 통해 앞 문장에 소설에 대한 내용이 와야 함을 유추할 수 있으므로 ⓡ이 ⓛ 앞에 와야 한다. 또한 '이처럼'이라는 지시어를 통해 ⓡⓛ의 부연으로 ⓒ이 와야 함을 유추할 수 있으므로 제시된 글의 순서는 ⓡⓛⓒⓞ가 적절하다.

63 ④

④ '김정호는 정밀한 지도의 보급이라는 사회적 욕구와 변화를 인식하고 그것을 실현하였던 측면에서 더욱 빛을 발한다.'라는 문장을 통해 지도 제작이 국가의 과제가 아닌 사회적 욕구와 변화에 의한 것임을 알 수 있다.

64 ③

③ '그것은 상형의 힘이라고 한다. 그게 뭘까? 그림의 힘이다. 이미지의 힘이다.'라는 문장을 통해서 한자의 끈질긴 생명력이 이미지의 힘임을 알 수 있다. 따라서 한자의 비중이 크고 발음기관의 모양과 사물의 모양을 본떠 만든 한글 역시 표의주의를 통해 이미지의 직관력을 지니고 있으므로 이미지를 배제한 문자라는 것은 옳지 않다.

65 ④

안견은 시사(時事)의 위태로움을 알고 안평대군과 소원하게 지내고 싶었지만 그렇게 할 수가 없는 상황이었다. 안견은 안평대군과 멀어지기 위해 일부러 용매묵을 훔친 뒤 자신을 쫓아내게 함으로써 화를 면할 수 있었다.

66 ④

④ "이러한 '쓰기'에 의해 코드화된 시각적인 표시는 말을 사로잡게 되고, 그 결과 그때까지 소리 속에서 발전해 온 정밀하고 복잡한 구조나 지시 체계의 특수한 복잡성이 그대로 시각적으로 기록될 수 있게 되고, 나아가서는 그러한 시각적인 기록으로 인해 그보다 훨씬 정교한 구조나 지시 체계가 산출될 수 있게 된다."라는 구절에서 시각적 코드 체계를 사용함으로써 비로소가 아닌 그 이전보다 훨씬 정교한 구조나 지시 체계를 마련할 수 있었다는 것을 알 수 있다.

67 ②

독일에서 여성을 뜻하는 말이 여성에 대한 사회적 인식 변화와, 추구하는 가치에 따라 변화하고 있음을 볼 때, 언어는 사회적 가치를 반영한다고 할 수 있다.

68 ③

제시된 글에서는 질병이 '인간의 몸 안에서 일어나는 정교하고도 합리적인 자기 조절 과정'이라고 말하며 질병을 긍정적으로 보고 있다. 따라서 질병을 '자기 치료 과정이 정상적으로 가동하고 있는 상태'라고 하는 것이 필자의 생각과 일치한다고 할 수 있다.

69 ②

(라) 나라별 @의 명칭 → (나) 핀란드와 러시아에서 @의 명칭이 변함 → (가) 아시아에서 @의 명칭이 또 변함 → (마) @의 명칭으로 본 문화의 다양성과 글로벌 스탠더드의 어려움 → (다) 우리나라의 @명칭인 골뱅이가 가장 @과 유사한 명칭인 것으로 생각

70 ①

제시문은 민담에서 등장인물의 성격이 어떤 방식으로 나타나는 지에 대해 언급하고 있다. ㉠은 민담에서 과거 사건이 드러나는 방법에 대한 내용으로 다른 문장과의 연관성이 떨어진다.

71 ②

$$40 \times \frac{30}{60} + 20 \times \frac{15}{60} = 20 + 5 = 25 \, \text{km}$$

72 ③

올라갈 때 걸은 거리를 x라 하면, 내려올 때 걸은 거리는 $x + 4$가 되므로

$$\frac{x}{3} + \frac{x+4}{4} = 8$$

양변에 12을 곱하여 정리하면 $4x + 3(x+4) = 96$

$7x = 84$

$x = 12 \, \text{km}$

73 ③

1분은 60초, 10분은 600초

15cm의 초가 600초에 다 타므로 1cm에 40초가 걸리는 셈이므로

30cm의 초가 다 타려면 1,200초 즉, 20분이 걸린다.

74 ③

지도상 1cm는 실제로 10km가 된다.

$$10 \times \frac{7}{4} = 17.5 \, \text{km}$$

75 ③

5일 동안 매일 50페이지씩 읽었으므로

$5 \times 50 = 250$

총 459페이지 이므로

$450 - 250 = 200$ 페이지를 읽어야 한다.

76 ③

벤치의 수를 x, 동료들의 수를 y로 놓으면

$5x + 4 = y$

$6x = y$

위 두 식을 연립하면

$x = 4$, $y = 24$

77 ②

원래 가격은 1로 보면

$0.7 \times 0.8 = 0.56$

원래 가격에서 56%의 가격으로 판매를 하는 것이므로 할인율은 44%가 된다.

78 ③

A 주식의 가격을 x, B 주식의 가격을 y라 하면

$x = 2y$

두 주식을 각각 10주씩 사서 각각 30%, 20% 올랐으므로

$1.3x \times 10 + 1.2y \times 10 = 76,000$

B 주식의 가격을 구해야 하므로 y에 대해 정리하면

$1.3 \times 2y \times 10 + 1.2y \times 10 = 76,000$

$38y = 76,000$

$y = 2,000$원

79 ④

하루 일당을 계산해 보면 $6 \times 5,000 = 30,000$원

$2,000,000 \div 30,000 = 66.67$일 이므로

67일 동안 아르바이트를 하여야 한다.

80 ②

$\dfrac{3,000 \times 8.0 + 2,000 \times 6.0}{3,000 + 2,000} = \dfrac{36,000}{5,000} = 7.2$

81 ④

합격자의 수를 x, 불합격자의 수를 y로 놓으면

$x + y = 500$

$80x + 50y = 65 \times 500 \rightarrow 80x + 50y = 32,500$

두 식을 연립하여 계산하면

$x = 250$명, $y = 250$명

82 ③

평균은 $\dfrac{70 + 80 + 90 + x}{4}$로 구하며

네 사람의 평균이 80점이므로 $4 \times 80 = 320$

$240 + x = 320$

$x = 80$점

83 ②

$\dfrac{200 \times 0.1 + 300 \times 0.2}{200 + 300} \times 100 = 16\%$

84 ④

$\dfrac{32 \times 8 + 4 \times x}{32 + x} = 5$

$32 \times 8 + 4x = 5(32 + x)$

$256 + 4x = 160 + 5x$

$x = 96$g

85 ④

불량률을 x라고 하면, 정상품이 생산되는 비율은

$100 - x$

$5,000 \times \dfrac{100 - x}{100} - 10,000 \times \dfrac{x}{100} = 3,500$

$50(100 - x) - 100x = 3,500$

$5,000 - 50x - 100x = 3,500$

$150x = 1,500$

$x = 10$

86 ④

B의 나이를 x, C의 나이를 y라 놓으면
A의 나이는 $x+12$, $2y-4$가 되는데 B와 C는 동갑
이므로 $x=y$이다.
$x+12 = 2x-4$
$x=16$
A의 나이는 $16+12=28$살이 된다.

87 ③

$$X \times \left(1+\frac{20}{100}\right) - 90,000 = X \times \left(1+\frac{2}{100}\right)$$
$1.2X - 90,000 = 1.02X$
$0.18X = 90,000$
$X = 500,000$ 원

88 ①

처음의 초속을 분속으로 바꾸면 $6 \times 60 = 360\mathrm{m/min}$
출발지에서 반환점까지의 거리를 x라 하면
$$\frac{x}{360} + \frac{4,500-x}{90} = 30$$ 이므로 양변에 360을 곱하여
식을 간단히 하면
$x + 4(4,500-x) = 10,800$
$\therefore x = 2,400\,(\mathrm{m})$

89 ③

서로 다른 음식을 시킬 경우는 다음과 같다.
짜장면 + 짬뽕 = $4,000 + 4,000 = 8,000$
짜장면 + 볶음밥 = $4,000 + 6,000 = 10,000$
짜장면 + 탕수육 = $4,000 + 10,000 = 14,000$
짬뽕 + 볶음밥 = $4,000 + 6,000 = 10,000$
짬뽕 + 탕수육 = $4,000 + 10,000 = 14,000$
볶음밥 + 탕수육 = $6,000 + 10,000 = 16,000$
따라서 음식가격의 평균값은
$$\frac{8,000+10,000+14,000+10,000+14,000+16,000}{6}$$
$$= \frac{72,000}{6}$$
$$= 12,000$$

90 ③

거리=시간×속력이므로
$x = 15$초 $\times 72\mathrm{km/h}$
계산을 위해 시간과 속력을 분으로 변환하면 다음과
같다.
$$\frac{15}{60} \times \frac{72,000}{60} = 0.25분 \times 1,200\mathrm{m/m} = 300\mathrm{m}$$

91 ②

카레, 영국, 발리우드로 인도를 연상할 수 있다. 카레는 혼합 향신료를 넣어 만든 인도 요리의 기본양념이며, 인도는 영국의 식민지였다. 발리우드(Bombay + Hollywood)는 인도의 영화 산업을 가리키는 합성어이다.

92 ③

포스트잇, 캘린더, 다이어리를 통해 메모를 연상할 수 있다.

93 ①

기류, 날개, 하늘을 통해 비행기를 연상할 수 있다.

94 ③

단풍, 고추잠자리, 추수를 통해 가을을 연상할 수 있다.

95 ③

지우개, 흑연, 육각형을 통해 연필을 연상할 수 있다.

96 ②

흰머리수리, 도널드, 50을 통해 미국을 연상할 수 있다. 흰머리수리는 미국의 국조이고, 도널드 트럼프는 미국의 대통령이며, 미국은 50개의 주와 1개의 특별구로 이루어져 있다.

97 ①

군인, 면회, 제복을 통해 군대를 연상할 수 있다.

98 ④

손톱, 자격증, 아세톤을 통해 매니큐어를 연상할 수 있다. 매니큐어는 라틴어로 손을 의미하는 '마누스(manus)'와 손질을 의미하는 '큐어(cure)'의 조어로, 손톱에 네일 에나멜을 칠하는 일이나 네일 에나멜 그 자체를 가리키는 용어로 사용한다. 미용사(네일) 국가자격증이 있으며, 네일 에나멜은 아세톤으로 지울 수 있다.

99 ④

실, 골무, 재봉틀을 통해 바느질을 연상할 수 있다.

100 ③

간식, 떡, 고추장을 통해 떡볶이를 연상할 수 있다. 떡볶이는 대표적인 간식이고 떡과 고추장이 주재료이다.

101 ③

물감, 사생대회, 이젤을 통해 미술을 연상할 수 있다.

102 ④

할랄푸드, 코란, 모스크를 통해 이슬람교를 연상할 수 있다.

103 ③

마녀, 탑, 머리카락을 통해 라푼젤을 연상할 수 있다.

104 ②

평화, 노르웨이, 밥 딜런을 통해 노벨평화상을 수상한 故 김대중 대통령을 연상할 수 있다. 노벨평화상은 다른 분야의 노벨상과는 달리 노르웨이 노벨위원회가 주관하며, 밥 딜런은 2016년 노벨문학상을 수상하였다.

105 ④

자동차, 특약, 건강을 통해 보험을 연상할 수 있다.

106 ②

하트, 순환, 피를 통해 심장을 연상할 수 있다.

107 ①

가을, 하늘, 별자리를 통해 페가수스를 연상할 수 있다. 페가수스자리는 안드로메다자리와 함께 가을의 대표적인 별자리로, 가을 하늘 한가운데에서 커다란 사각형을 찾으면 볼 수 있다.

108 ②

식품, 미생물, 구토를 통해 식중독을 연상할 수 있다. 식중독은 식품의 섭취에 연관된 인체에 유해한 미생물 또는 유독 물질에 의해 발생했거나 발생한 것으로 판단되는 감염성 또는 독소형 질환으로, 오심, 구토, 복통, 설사, 발열 등의 증상이 발생한다.

109 ①

여름, 곤충, 나무를 통해 매미를 알 수 있다. 매미는 대표적인 여름 곤충으로 대부분 나무에 붙어서 산다.

110 ④

주어진 단어 중 마이크, 회식, 스피커를 통해 노래방을 연상할 수 있다.

>> **직무해결력**

111 ①

배터리가 규정에 맞는 전자담배는 기내휴대 또는 몸에 소지할 수 있으나 위탁수하물로는 운반할 수 없다.

112 ③

제시된 설문조사에는 광고 매체 선정에 참고할 만한 조사 내용이 포함되어 있지 않다. 따라서 ③은 이 설문조사의 목적으로 적합하지 않다.

113 ②

제11조 제2항에 따르면 사용자가 제1항 단서의 사유가 없거나 소멸되었음에도 불구하고 2년을 초과하여 기간제 근로자로 사용하는 경우에는 그 기간제 근로자는 기간의 정함이 없는 근로계약을 체결한 근로자로 본다. 따라서 ②의 경우 기간제 근로자로 볼 수 없다.
① 2년을 초과하지 않는 범위이므로 기간제 근로자로 볼 수 있다.
③ 제11조 제1항 제3호에 따른 기간제 근로자로 볼 수 있다.
④ 제11조 제1항 제1호에 따른 기간제 근로자로 볼 수 있다.

114 ③

③ 회의록에 따르면 1/4분기 매출 보고 회의는 5월 1일 예정이다. 1/4분기 매출 보고 지시에 대한 내용은 회의 안건으로 상정되지 않았다.

115 ①

10주년 이벤트 경품 선호도 조사 건의 협력부서는 경영지원팀이다. 따라서 수신은 경영지원팀이 되어야 한다.

116 ②

자신의 핸드폰 번호를 바꾸더라도 헤어진 애인에게 자신이 전화를 할 수 없게 된 것은 아니므로 사전조치에 해당하지 않는다.

117 ③

A요금제와 B요금제를 계산해 보면 6개월에 A요금은 650,000원, B요금은 770,000원이 나오므로 A요금이 더 저렴하다는 것을 보고해야 한다. 그러나 본인에게 검토해서 보고하라고 하였으므로 타인의 의견이 아닌 본인이 직접 검토해 보아야 한다.

118 ④

제시된 작업명세서를 보면 컴퓨터 파손에 대한 책임이나 한계에 대한 내용은 어디에도 없다. 편집디자이너가 컴퓨터 파손에 대한 책임을 갖는 것은 아니다.

119 ④

㉠ 한국표준산업 분류표에서 대분류에 해당하는 것을 '업태'라고 한다. 업태 중에서 세분화된 사업의 분류는 '업종'이라고 한다.

㉡ 본체의 수량이 5개이고, 공급가액이 2,600,000원이므로 단가, 즉 한 단위의 가격은 520,000원임을 알 수 있다.

120 ③

③ 지문 및 얼굴 정보 제공은 17세 이상의 외국인에 해당한다.

121 ④

④ 100ml 이하 용기에 한함으로 500ml 물병에 들어 있는 물은 국제선 반입이 불가능하다.

122 ②

㈎, ㈐, ㈑는 통계 조사 등의 결과를 과대 해석하여 보도하였다는 공통적인 문제가 있다. 반면 ㈏의 경우는 같은 기간 훨씬 더 많이 발생한 산업재해 사망사건에 대해서는 거의 보도하지 않으면서, 상대적으로 적은 항공 사고에 대해서는 많은 보도를 발표하였다는 점에서 문제를 제기할 수 있다.

123 ④

통화량을 x, 문자메시지를 y라고 하면

A요금제

$\rightarrow (5x + 10y) \times \left(1 - \dfrac{1}{5}\right) = 4x + 8y = 14,000$ 원

B요금제 $\rightarrow 5,000 + 3x + 15 \times (y - 100) = 16,250$ 원

두 식을 정리해서 풀면

$y = 250$, $x = 3,000$

124 ④

㉠ 주어진 기간 동안 강풍 피해금액과 풍랑 피해금액의 합계를 각각 계산하여 비교하기 보다는 소거법을 이용하여 비교하는 것이 좋다. 비슷한 크기의 값들을 서로 비교하여 소거한 뒤 남은 값들의 크기를 비교해주는 것으로 2013년 강풍과 2014년 풍랑 피해금액이 70억 원으로 동일하고 2009, 2010, 2012년 강풍 피해금액의 합 244억 원과 2013년 풍랑 피해금액 241억 원이 비슷하다. 또한 2011, 2016년 강풍 피해금액의 합 336억 원과 2011년 풍랑 피해금액 331억 원이 비슷하다. 이 값들을 소거한 뒤 남은 값들을 비교해보면 강풍 피해금액의 합계가 풍랑 피해금액의 합계보다 더 작다는 것을 알 수 있다.

㉡ 2016년 태풍 피해금액이 2016년 5개 자연재해 유형 전체 피해금액의 90% 이상이라는 것은 즉, 태풍을 제외한 나머지 4개 유형 피해금액의 합이 전체 피해금액의 10% 미만이라는 것을 의미한다. 2016년 태풍을 제외한 나머지 4개 유형 피해금액의 합을 계산하면 전체 피해금액의 10% 밖에 미치지 못함을 알 수 있다.

㉢ 피해금액이 매년 10억 원보다 큰 자연재해 유형은 호우, 대설이 있다.

㉣ 피해금액이 큰 자연재해 유형부터 순서대로 나열하면 2014년 호우, 태풍, 대설, 풍랑, 강풍이며 이 순서는 2015년의 순서와 동일하다.

125 ③

- ㉠ 2015~2017년 동안의 유형별 최종에너지 소비량 비중이므로 전력 소비량의 수치는 알 수 없다.

- ㉡ 2017년의 산업부문의 최종에너지 소비량은 115,155 천TOE이므로 전체 최종 에너지 소비량인 193,832 천TOE의 50%인 96,916 천TOE보다 많으므로 50% 이상을 차지한다고 볼 수 있다.

- ㉢ 2015~2017년 동안 석유제품 소비량 대비 전력 소비량의 비율은 $\frac{전력}{석유제품}$ 으로 계산하면

  2015년 $\frac{18.2}{53.3} \times 100 = 34.1\%$,

  2016년 $\frac{18.6}{54} \times 100 = 34.4\%$,

  2017년 $\frac{19.1}{51.9} \times 100 = 36.8\%$이므로 매년 증가함을 알 수 있다.

- ㉣ 2017년 산업부문과 가정·상업부문에서 $\frac{무연탄}{유연탄}$ 을 구하면 산업부문의 경우 $\frac{4,750}{15,317} \times 100 = 31\%$, 가정·상업부문의 경우 $\frac{901}{4,636} \times 100 = 19.4\%$이므로 모두 25% 이하인 것은 아니다.

126 ②

② 2018년 6월 이스타항공을 이용하여 인천공항에 도착한 여객 수는 82,409명으로 같은 기간 인천공항에 도착한 전체 여객 수의 $\frac{82,409}{1,971,675} \times 100 =$ 약 4.2% 이다.

127 ④

- A의 세금 : 1,000,000,000 × 0.01 = 10,000,000원
- B의 세금 : 10,000,000 + (8,000,000,000 × 0.05) = 410,000,000원
- C의 세금 : 460,000,000 + (10,000,000,000 × 0.1) = 1,460,000,000원
- C의 가산금 : 1,460,000,000 × 0.03 = 43,800,000원

따라서 甲이 낸 총 금액은 19억 2,380만 원이다.

128 ④

④ 2004년도의 연어방류량을 x라고 하면

$$0.8 = \frac{7}{x} \times 100 \quad \therefore \quad x = 875$$

① 1999년도의 연어방류량을 x라고 하면

$$0.3 = \frac{6}{x} \times 100 \quad \therefore \quad x = 2,000$$

2000년도의 연어방류량을 x라고 하면

$$0.2 = \frac{4}{x} \times 100 \quad \therefore \quad x = 2,000$$

② 연어포획량이 가장 많은 해는 21만 마리를 포획한 1997년이고, 가장 적은 해는 2만 마리를 포획한 2000년과 2005년이다.

③ 연도별 연어회귀율은 증감을 거듭하고 있다.

129 ④

C거래처 사원(9시~10시) – A거래처 과장(10시~12시) – B거래처 대리(12시~14시) – F은행(14시~15시) – G미술관(15시~16시) – E서점(16~18시) – D거래처 부장(18시~)

① E서점까지 들리면 16시가 되는데, 그 이후에 G미술관을 관람할 수 없다.

② F은행까지 들리면 13시가 되는데, B거래처 대리 약속은 18시에 가능하다.

③ G미술관 관람을 마치고 나면 11시가 되는데 F은행은 12시에 가야 한다. 1시간 기다려서 F은행 일이 끝나면 13시가 되는데, B거래처 대리 약속은 18시에 가능하다.

130 ④

	신부장	이차장	오과장	김대리	박대리
외국어 성적	25점	25점	40점	50점	근무경력이 5년 미만이므로 선발 자격이 없다.
근무 경력	20점	20점	14점	10점	
근무 성적	9점	10점	9점	9점	
포상	10점	20점	0점	20점	
계	64점	75점	63점	89점	

>> **지각정확력**

1 ①
ℛ은 위 기호 무리에 제시되지 않았다.

2 ③

ч	ծ	ч	Ⴔ	Ⴚ	ҟ
ҟ	ҟ	Ⴞ	ծ	Ⴔ	ҕ
ծ	Ⴚ	Ⴔ	Ⴔ	Ⴜ	ч
Ⴔ	Ⴔ	ζ	Ⴞ	ҟ	Ⴔ
ч	ծ	Ⴔ	Ⴔ	ч	Ⴚ
Ⴚ	Ⴔ	Ⴞ	ҟ	ζ	Ⴚ

3 ④

ч	ծ	ч	Ⴔ	Ⴚ	ҟ
ҟ	ҟ	Ⴞ	ծ	Ⴔ	ҟ
ծ	Ⴚ	Ⴔ	Ⴔ	Ⴜ	ч
Ⴔ	Ⴔ	ζ	Ⴞ	ҟ	Ⴔ
ч	ծ	Ⴔ	Ⴔ	ч	Ⴚ
Ⴚ	Ⴔ	Ⴞ	ҟ	ζ	Ⴚ

4 ②

ч	ծ	ч	Ⴔ	Ⴚ	ҟ
ҟ	ҟ	Ⴞ	ծ	Ⴔ	ҕ
ծ	Ⴚ	Ⴔ	Ⴔ	Ⴜ	ч
Ⴔ	Ⴔ	ζ	Ⴞ	ҟ	Ⴔ
ч	ծ	Ⴔ	Ⴔ	ч	Ⴚ
Ⴚ	Ⴔ	Ⴞ	ҟ	ζ	Ⴚ

5 ④

ч	ծ	ч	Ⴔ	Ⴚ	ҟ
ҟ	ҟ	Ⴞ	ծ	Ⴔ	ҕ
ծ	Ⴚ	Ⴔ	Ⴔ	Ⴜ	ч
Ⴔ	Ⴔ	ζ	Ⴞ	ҟ	Ⴔ
ч	ծ	Ⴔ	Ⴔ	ч	Ⴚ
Ⴚ	Ⴔ	Ⴞ	ҟ	ζ	Ⴚ

6 ③

②	(5)	(1)	(b)	②	⑮
(p)	Ⓟ	②	(19)	⑪	(19)
(1)	(11)	⑥	ⓙ	Ⓖ	ⓥ
⑮	(8)	(p)	(p)	(8)	⑳
(b)	⑮	Ⓖ	ⓥ	⑥	⑥
(5)	⑥	(11)	Ⓜ	(1)	Ⓖ

7 ②

②	(5)	(1)	(b)	②	⑮
(p)	Ⓟ	②	(19)	⑪	(19)
(1)	(11)	⑥	ⓙ	Ⓖ	ⓥ
⑮	(8)	(p)	(p)	(8)	⑳
(b)	⑮	Ⓖ	ⓥ	⑥	⑥
(5)	⑥	(11)	Ⓜ	(1)	Ⓖ

8 ①

②	(5)	(1)	(b)	②	⑮
(p)	Ⓟ	②	(19)	⑪	(19)
(1)	(11)	⑥	ⓙ	Ⓖ	ⓥ
⑮	(8)	(p)	(p)	(8)	⑳
(b)	⑮	Ⓖ	ⓥ	⑥	⑥
(5)	⑥	(11)	Ⓜ	(1)	Ⓖ

9 ③

②	(5)	(1)	(b)	②	⑮
(p)	Ⓟ	②	⑲	⑪	⑲
(1)	⑪	⑥	ⓙ	Ⓖ	ⓥ
⑮	(8)	(p)	(p)	(8)	⑳
(b)	⑮	Ⓖ	ⓥ	⑥	⑥
(5)	⑥	⑪	Ⓜ	(1)	Ⓖ

10 ②

②	(5)	(1)	(b)	②	⑮
(p)	Ⓟ	②	⑲	⑪	⑲
(1)	⑪	⑥	ⓙ	Ⓖ	ⓥ
⑮	(8)	(p)	(p)	(8)	⑳
(b)	⑮	Ⓖ	ⓥ	⑥	⑥
(5)	⑥	⑪	Ⓜ	(1)	Ⓖ

11 ③

甲	庚	丙	己	丙	甲
丙	丁	乙	庚	戊	戊
乙	己	申	甲	申	乙
丁	丙	丁	丁	丁	己
戊	庚	申	戊	庚	丙
乙	甲	丙	己	乙	申

12 ③

甲	庚	丙	己	丙	甲
丙	丁	乙	庚	戊	戊
乙	己	申	甲	申	乙
丁	丙	丁	丁	丁	己
戊	庚	申	戊	庚	丙
乙	甲	丙	己	乙	申

13 ②

甲	庚	丙	己	丙	甲
丙	丁	乙	庚	戊	戊
乙	己	申	甲	申	乙
丁	丙	丁	丁	丁	己
戊	庚	申	戊	庚	丙
乙	甲	丙	己	乙	申

14 ②

甲	庚	丙	己	丙	甲
丙	丁	乙	庚	戊	戊
乙	己	申	甲	申	乙
丁	丙	丁	丁	丁	己
戊	庚	申	戊	庚	丙
乙	甲	丙	己	乙	申

15 ①

田은 위 문자 무리에 제시되지 않았다.

16 ③

]은 위 기호 무리에 제시되지 않았다.

17 ③

5은 위 기호 무리에 제시되지 않았다.

18 ①

↓은 위 기호 누리에 제시되지 않았다.

19 ②

Insert은 위 기호 무리에 제시되지 않았다.

20 ④

은 위 기호 무리에 제시되지 않았다.

21 ④

ﾀﾞ은 위 문자 무리에 제시되지 않았다.

22 ①

ﾋ은 위 문자 무리에 제시되지 않았다.

23 ④

ㅈ은 위 문자 무리에 제시되지 않았다.

24 ②

ｻ은 위 문자 무리에 제시되지 않았다.

25 ②

ㄱ은 위 문자 무리에 제시되지 않았다.

26 ③

'검'은 위 문자 무리에 제시되지 않았다.

27 ②

'구'은 위 문자 무리에 제시되지 않았다.

28 ①

'갃'은 위 문자 무리에 제시되지 않았다.

29 ④

'갔'은 위 문자 무리에 제시되지 않았다.

30 ②

'긇'은 위 문자 무리에 제시되지 않았다.

31 ①

ㄹ 을은 파란색 공을 가지고 있다.

ㅁ 병은 노란색 공을 가지고 있지 않으므로 빨간색 공을 가지고 있다.

따라서 남은 노란색 공은 갑이 가지고 있다.

32 ②

ㄴ 박씨, 강씨 순으로 빠르다.

ㄹ 김씨, 박씨, 이씨 순으로 빠르다.

ㄷ 이씨가 꼴찌가 아니므로, 김씨, 박씨, 이씨, 강씨 순으로 빠르다.

33 ①

ㄴㄹ에 따라, 'A가 방송을 하면 B는 방송을 할 수 없다.'

ㄷ의 대우는 'B가 방송을 할 수 없으면 C가 방송을 할 수 있다.'

34 ③

사실을 종합하면,

E, D, A, B, C 순으로 약속 장소에 도착했다.

하지만 C의 도착 시간은 알 수 없기 때문에 약속 시간에 늦었는지 알 수 없다.

35 ②

사실을 종합하면 두 가지 결과가 가능하다.

따라서 우영이는 명운이의 남동쪽에 위치한다.

		명운					명운	
	정음	민수			정음	민수		
		우영						
							우영	
		시영	은정				시영	은정

16

36 ②

명제를 정리하면,

무, 갑, 기, 을, 정, 병 순으로 매출액이 높다.

① 무는 매출액이 가장 높다.

③ 매출액을 모르므로 중간값은 알 수 없다.

④ 병의 매출액은 최솟값에 해당한다.

37 ③

ⓜ에 따라, A의 집이 B보다 3층 더 높아야 하므로 B 의 집은 1층이나 2층이 가능하다.

ⓔ에 따라, C가 아래층에 있어야 하므로 B는 2층에 살게 된다. (C는 1층, A는 5층이 된다.)

ⓒ에 따라, D의 집은 3층에 있다. (E는 4층이 된다.)

38 ①

B를 기준으로 정리하면,

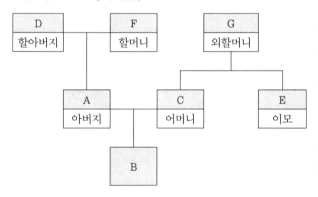

39 ④

① 명제만 가지고 알 수 없다.

② 진성이의 것일 수도 있기 때문에 단정할 수 없다.

③ 영수가 서준이의 모자를 빌려 쓸 수 있기 때문에 단정할 수 없다.

40 ②

① 최저가의 제품은 나머지 제품의 가격 차이보다 가 격이 낮을 수 있다.

③ A와 B의 가격이 같으면 ⓛ에 위배된다. (B + C < A, A + C < B)

④ A와 C의 가격이 같으면 A가 최고가인 경우 ⓛ에 위배된다. (B + C < A)

41 ②

제시된 내용을 정리하면,

㉠ '모든 사람 → 이성적인 사람'

㉡ '어떤 사람 → 감정적인 사람'

㉠㉡을 정리하면,

'어떤 사람 → 감정적인 사람 → 이성적이고 자유로운 사람'

따라서 ② '감정적인 사람은 자유로운 사람이다'가 필 요하다.

42 ①

두 번째 명제의 대우는 참이므로, '과거를 좋아하는 사람은 역사를 좋아하는 사람이다'

제시된 내용을 정리하면,

'신중 → 과거 → 역사 → 성찰 → 반성'

따라서 ① '과거를 성찰하는 사람은 반성할 수 있는 사람이다'가 필요하다.

43 ③

제시된 내용을 정리하면,

'사과 → 토마토', '포도 → 오렌지 → 귤 → 수박'

따라서 ③의 대우인 '토마토를 좋아하는 사람은 포도 를 좋아하는 사람이다'가 필요하다.

44 ①

두 번째, 네 번째 명제와 결론의 대우도 참이므로,

• 소풍을 좋아하면 산책을 좋아한다.

• 산책을 좋아하면 운동을 좋아한다.

• 여행을 좋아하면 건강을 좋아한다.

제시된 내용을 정리하면,

'여행 → 기차 → 버스', '소풍 → 산책 → 운동 → 건강'

따라서 ① '버스를 좋아하면 소풍을 좋아한다'가 필요 하다.

45 ④

여섯 번째, 일곱 번째, 여덟 번째 명제의 대우도 참이므로,

- 국화를 좋아하지 않으면 히아신스를 좋아하지 않는다.
- 수선화를 좋아하지 않으면 무궁화를 좋아하지 않는다.
- 히아신스를 좋아하지 않으면 수선화를 좋아하지 않는다.

제시된 내용을 정리하면,

'장미× → 라벤더× → 국화× → 히아신스× → 수선화× → 무궁화× → 나팔꽃× → 해바라기×'

따라서 ④ '나팔꽃을 좋아하지 않으면 해바라기를 좋아하지 않는다'가 필요하다.

46 ③

㉠ 용의자 A가 사실을 말한 경우,

- 용의자A : B는 살인을 했습니다.
- 용의자B : A는 참말을 하고 있습니다.
- 용의자C : 저는 살인을 했습니다.

용의자C의 진술이 모순이 된다.

㉡ 용의자 B가 사실을 말한 경우,

- 용의자B : A는 거짓말을 하고 있습니다.
- 용의자A : B는 살인을 하지 않았습니다.
- 용의자C : 저는 살인을 했습니다.

용의자C는 살인자가 된다.

㉢ 용의자 C가 사실을 말한 경우,

- 용의자C : 저는 살인을 하지 않았습니다.
- 용의자A : B는 살인을 하지 않았습니다.
- 용의자B : A는 참말을 하고 있습니다.

용의자A가 참말을 하게 되면 한 사람만 사실을 말하고 있다는 조건에 모순된다.

47 ④

대화를 바탕으로 등수를 정리하면 다음 두 가지 순서가 가능하다.

㉠ 지민, 연주, 소진, 수영, 효선 순
㉡ 연주, 지민, 소진, 수영, 효선 순

따라서 연주와 지민의 등수는 정확히 알 수 없다.

48 ①

① 상기와 준영이는 같은 팀에 속해야 하지만 성연이는 상기와 팀이 될 수 없다.

49 ③

㉤에 의해, C 스마트폰은 와이파이에 연결되어 있지 않다.

㉥에 의해, 2번 와이파이는 A 스마트폰에 연결되어 있다.

㉦에 의해, 4번 와이파이는 E 스마트폰에 연결되어 있다.

㉧에 의해, B 스마트폰은 1번 와이파이에 연결되어 있다.

따라서 남은 3번 와이파이는 D 스마트폰에 연결되어 있다.

50 ③

㉢ C1을 구매하면, A2는 구매할 수 없다.
㉤ C1을 구매하면, A1, B2는 구매할 수 없다.
㉡ A1를 구매할 수 없으므로 A3도 구매할 수 없다.
㉣ B2를 구매할 수 없으므로 B1은 꼭 구매해야 한다.

따라서 B1를 구매해야 한다.

51 ①

영토 내지는 귀속 의식을 벗어나서 객관적으로 표현한다면 북몽골, 남몽골로 구분하는 것이 더 낫다는 필자의 의견을 제시했을 뿐, 정부가 외몽골을 북몽고로 불러야 한다는 내용은 나오지 않는다.

52 ③

제시문은 우리말을 가꾸는 데 가장 중요한 것을 관심과 의식이라고 보고 있다. 이것은 관심과 의식이 있다면 우리말이 바르게 사용될 것이라는 것을 전제로 하는 것으로, ③의 내용과 일맥상통한다.

53 ②

㉠과 ㉡은 유의관계이다.
② 미소는 웃음의 한 종류로, 둘은 상하관계를 이룬다.

54 ③

리처드 닉슨이 한 "저는 사기꾼이 아닙니다."라는 말 때문에 모두가 그를 사기꾼으로 생각하게 되었다. 따라서 생각을 말로 표현해야 한다는 것이 가장 필요하지 않은 언어 전략이라고 할 수 있다.
③ 마음속으로만 생각하고 있으면 아무도 몰라준다는 의미로 생각은 말로 표현해야 한다는 의미이다.
① 말 한마디에 천 냥 빚도 갚는다.
② 같은 내용도 다르게 표현하여 이야기 할 수 있다는 의미이다.
④ 말이란 표현하는 데 따라 다르게 들린다.

55 ②

① =배척
② 안에서 밖으로 밀어 새어 나가게 함
③ 받아들이지 아니하고 물리쳐 제외함
④ 따돌리거나 거부하여 밀어냄

56 ④

넷째 문단의 '분명 항해술에도 논리적이고 분석적인 면이 있지만 그렇다고 낯선 상황을 해결할 총체적인 백방의 지식이 이에 들어 있는 것은 아니다.'라는 문장을 통해 유추할 수 있다.
④ 통합(統合) : 여러 요소들이 조직적으로 결합하여 하나의 전체를 이룸

57 ①

글의 전개는 일반적인 내용에서 구체적인 내용으로 세분화하여 전개되어야 한다.
㉡ 인간이 소중히 여기는 이념과 가치 – ㉢ 숭고한 이념이나 가치의 종류 – ㉣ 이론적 측면과 실천적 측면 – ㉠ 실천적 측면의 내적 측면과 외적 측면

58 ③

제시문은 먼저 프레임에 대해 설명하고, '구제'의 예를 들어 글을 서술하고 있다.

59 ②

제시문에 따르면 집 혹은 건축은 단순히 기술적, 구조적인 측면에서 세우는 일만을 의미하는 것이 아니라, 일련의 사고 과정을 통하여 뭔가 만들어내 가는 것이라고 정의하고 있다. 이렇게 볼 때 건물이 단순히 기술적이고 구조적인 '물리적' 측면에 한정된다면, 건축은 그것을 포함하는 '형이상학적'인 포괄적 의미의 개념이라고 볼 수 있다.

60 ①

제시문의 화자는 언어순결주의에 반대하는 입장이다. 따라서 언어순결주의자들의 생각과 반대되는 것을 긍정적으로 평가하는 것을 찾으면 된다.

61 ③

① 제시문에 언급되지 않은 내용이다.
② 극장가가 형성된 것은 1910년부터이다.
④ 변사는 자막과 반주 음악이 등장하면서 점차 소멸하였다.

62 ①

첫 번째 괄호에는 앞 문장의 이유가 뒤에 이어지므로
인과관계의 접속어 '왜냐하면'이, 두 번째 괄호에는 앞
뒤 문장이 시가의 발생에 대하여 같은 맥락으로 이어
지고 있으므로 순접접속어 '그리고'가 마지막 괄호에는
앞의 내용을 정리하며 결론짓는 인과관계의 접속어 '그
러므로'가 가장 적절하다.

63 ③

③ 이 글은 '이기적 유전자' 혁명이 전하는 메시지는
인간이 철저하게 냉혹한 이기주의자라는 것은 아니며
사실은 정반대라고 언급하고 있다.

64 ④

㈐ 다문화정책의 핵심 – ㈎ 인간을 경제적 요소로만
보았을 때의 문제점 – ㈑ 이미 들어온 이민자에 대한
지원 – ㈏ 다문화정책의 패러다임 전환

65 ②

분노의 감정이 일었을 때 동물과 사람이 어떤 행동을
나타내는지에 대해 이야기하고 있다.

66 ④

'누구에게도 그렇다.'는 보편성과 맥락을 같이 한다.

67 ①

나라가 약속을 지키자 백성들이 나라의 정책을 잘 따
랐다는 내용으로 보아 신뢰의 중요성에 대해 이야기
하고 있는 글이라고 볼 수 있다.

68 ②

② 구비문학은 계속적으로 변하며, 그 변화가 누적되
어 개별적인 작품이 존재하는 특징을 지니므로 유동
문학(流動文學), 적층문학(積層文學)이라고도 한다.

69 ①

① 같은 조건이라면 좀 더 좋고 편리한 것을 택한다
는 의미이다.
② 일이 우연히 잘 맞아 감을 비유적으로 이르는 말
이다.
③ 남의 덕으로 분에 넘치는 행세를 하거나 대접을 받
고 우쭐대는 모습을 비유적으로 표현하는 말이다.
④ 아무리 훌륭한 것이라도 다듬어 쓸모 있게 만들어
야 값어치가 있음을 이른다.

70 ③

③ 제시된 글은 헤르만 헤세의 말을 인용하여 유명하
다거나 그것을 모르면 수치스럽다는 이유로 무리하게
독서를 하는 것은 그릇된 일이며, 자기에게 자연스러
운 면에 따라 행동하라고 언급하고 있다. 이는 남들의
기준이 아닌 자신의 기준에 따라 하는 독서가 좋은
독서라고 주장하는 것이라고 볼 수 있다.

71 ④

- $10x > 50$, $\therefore x > 5$
- $5x - 20 < 40$, $\therefore x < 12$
- $5 < x < 12$

따라서 x값 중 가장 큰 값은 11

72 ②

$x^2 - 11x + 33 = (x-5)Q(x) + R$가 x에 대한 항등식 이므로,

$x^2 - 11x + 33$을 인수분해하면 $(x-5)(x-6) + 3$이 되므로 상수 R은 3이 된다.

73 ①

십의 자리 수를 x라 하면,

$10 \times 5 + x = 4(10x + 5) - 9$

$\therefore x = 1$

74 ③

제시된 내용을 정리하면,

중학교	경찰서	주민센터	철수의 집	영수의 집	은행	소방서	우체국
	5분	5분	5분	5분	3분	3분	3분

※ 모든 구간은 5m/min 속력으로 동일

ㄱ 경찰서에서 소방서까지 5m/min의 속력으로 21분이 소요되므로

총 거리는 $5 \times 21 = 105$m이다.

ㄴ 이 구간을 10m/min의 속력으로 가는 데 걸리는 시간은 $105 \div 10 = 10.5$(10분 30초)이다.

75 ②

의자의 개수를 x라 하면,

ㄱ 8명씩 앉으면, $8x + 3 = 99$, $\therefore x = 12$개

ㄴ 10명씩 앉으면, 필요한 의자는 10개가 되므로 2개의 의자가 남는다.

76 ②

ㄱ 총점을 구하면,

1반 총점	$70 \times 26 = 1820$
2반 총점	$75 \times 25 = 1875$
3반 총점	$80 \times 28 = 2240$
4반 총점	$75 \times 26 = 1950$
5반 총점	$72 \times 27 = 1944$
6반 총점	$71 \times 29 = 2059$
전체 총점	$1820 + 1875 + 2240 + 1950 + 1944 + 2059 = 11888$

ㄴ 총점을 학생 수로 나누면,

$\dfrac{11888}{161} \fallingdotseq 73.84$

77 ③

ㄱ B의 작업량이 $\dfrac{1}{40} \times 30 = \dfrac{3}{4}$이므로, A의 작업량은

$1 - \dfrac{3}{4} = \dfrac{1}{4}$이다.

따라서 $30 \times \dfrac{1}{4} = 7.5$일 동안 공동으로 작업하였다.

78 ①

15%의 소금물의 무게를 x라 하면,

$\dfrac{0.15x + (500-x)0.1}{500} \times 100 = 12\%$

$\therefore x = 200\,$g

79 ④

현재 아버지의 나이를 x, 형의 나이를 y, 동생의 나이를 z라 하면,

ㄱ 현재 : $x = 3y$, $y = 2z$

ㄴ 4년 전 : $x - 4 = 4(y - 4)$에 ㄱ을 대입하면

$\therefore x = 36$, $y = 12$, $z = 6$이다.

80 ②

⊙ 50L를 가득 채우는 데 2분 30초가 소요되므로
$\dfrac{50}{2.5} = 20L/\min$가 성립된다.

ⓛ 같은 속도로 10분 동안 $20 \times 10 = 200L$를 채울 수 있다.

따라서 전체 400L 물통의 50%를 채울 수 있다.

81 ②

⊙ 기존에 목표 수익은 $3{,}000 \times 0.5 \times 100$
$= 150{,}000$원이다.

ⓛ 90개를 판매하여 같은 수익을 얻으려면 $3{,}000 \times x \times 90 = 150{,}000$, ∴ x(수익률) ≒ 0.56

따라서 개당 판매가격은 $3{,}000 \times 1.56 = 4{,}680$원이다.

82 ①

⊙ A + 40 + C = 100이므로 A + C = 60이다.

ⓛ 두 수의 합이 60이 되려면 (1, 59), (2, 58), ······ (58, 2), (59, 1)이 가능하다.

따라서 A, C의 차이의 최댓값은 $59 - 1 = 58$이다.

83 ③

을이 걷는 속도를 x라 하면,

⊙ 갑이 걷는 속도는 $1.1x$

ⓛ 병이 걷는 속도는 $1.1x \times 0.9 = 0.99x$

ⓒ 정이 걷는 속도는 $0.99x \times 1.2 = 1.188x$

84 ①

• 목요일에 비가 오고, 금요일에 비가 올 확률
$: \dfrac{1}{3} \times \dfrac{1}{3} = \dfrac{1}{9}$

• 목요일에 비가 오지 않고, 금요일에 비가 올 확률
$: \dfrac{2}{3} \times x$

• 따라서 금요일에 비가 올 확률은 $\dfrac{1}{9} + \dfrac{2}{3}x = \dfrac{5}{18}$

∴ $x = \dfrac{1}{4}$

85 ③

B가 골을 넣을 확률을 $\dfrac{x}{100}$라 하면,

• A와 B가 각각 골을 넣을 경우
$: \dfrac{70}{100} \times \dfrac{x}{100} = \dfrac{70x}{10000}$

• A와 B가 각각 골을 못 넣을 경우
$: (1 - \dfrac{70}{100}) \times (1 - \dfrac{x}{100})$
$= \dfrac{30}{100} \times \dfrac{100-x}{100} = \dfrac{3000-30x}{10000}$

무승부가 될 확률이 46%이므로
$\dfrac{70x}{10000} + \dfrac{3000-30x}{10000} = \dfrac{46}{100}$, ∴ $x = 40(\%)$

따라서 B가 골을 못 넣을 확률은 60%이다.

86 ②

원가를 x라 하면,
기존 판매가격은 $1.2x$가 되고, 할인한 가격은
$1.2x \times 0.8 = 0.96x$이 된다.

따라서 $1 - 0.96 = 0.04$의 손해를 보게 된다.
$(0.04 \times 100 = 4\%)$

87 ③

⊙ 여성 비율이 62%이면 남자 비율은 38%이므로, 남자 직원의 수는 $300 \times 0.38 = 114$명

ⓛ A메신저를 사용 중인 남자 직원은 50%이므로, $114 \times 0.5 = 57$명

ⓒ A메신저를 사용 중인 남자 직원은 전체의
$\dfrac{57}{300} \times 100 = 19\%$에 해당한다.

88 ①

모의고사에 응시한 남성 수를 x라 하면,
$\dfrac{76 \times 40 + 74 \times x}{40 + x} = 75$
∴ $x = 40$명

89 ④

45보다 크고, 54보다 작은 정수가 되려면
- 십의자리에 4가 오는 경우 6이 가능하다.
- 십의자리에 5이 오는 경우 1, 2, 3이 가능하다.

따라서 46 + 51 + 52 + 53 = 202

90 ②

㉠ 3일간 작업량 : $(\frac{1}{6} + \frac{1}{10}) \times 3 = \frac{4}{5}$

㉡ 작업량이 전체에서 차지하는 비율

$: \frac{4}{5} \times 100 = 80\%$

>> **단어연상력**

91 ①

가시, 화분, 백년초를 통해 선인장을 연상할 수 있다.

92 ③

계모, 두꺼비, 꽃신을 통해 콩쥐를 연상할 수 있다.

93 ②

사다리, 불, 물을 통해 소방관을 연상할 수 있다.

94 ③

찬반, 선거, 표결을 통해 투표를 연상할 수 있다.

95 ①

이어폰, 춤, 발라드를 통해 음악을 연상할 수 있다.

96 ④

가위, 머리, 샴푸를 통해 미용사를 연상할 수 있다.

97 ①

금메달, 평창, 썰매를 통해 스켈레톤을 연상할 수 있다. 스켈레톤은 썰매에 엎드려서 인공 얼음으로 된 트랙을 고속으로 질주하는 경기로, 2018 평창 동계올림픽에서 대한민국의 윤성빈이 금메달을 획득했다.

98 ④

카메라, 면허증, 여권을 통해 사진을 연상할 수 있다.

99 ③

밀라노, 다 빈치, 지중해를 통해 이탈리아를 연상할 수 있다. 이탈리아는 지중해 연안 이탈리아 반도에 위치해 있으며, 밀라노는 이탈리아의 한 도시이다. 레오나르도 다빈치는 르네상스 시대의 이탈리아를 대표하는 미술가이다.

100 ③

제주도, 예멘, 전쟁을 통해 난민을 연상할 수 있다. 수년째 치열한 내전이 벌어지고 있는 예멘에서 내전을 피해 자국을 떠난 예멘 난민들이 제주도로 몰려와 사회적 이슈가 되고 있다.

101 ④

손톱, 치장, 그림을 통해 네일아트를 연상할 수 있다.

102 ④

옛날이야기, 산신령, 연못을 통해 전래동화 '금도끼 은도끼'를 연상할 수 있다.

103 ②

내비게이션, 축척, 김정호를 통해 지도를 연상할 수 있다.

104 ③

범죄, 법정, 거짓을 통해 변호사를 연상할 수 있다.

105 ③

닭, 튀김, 맥주를 통해 치킨을 연상할 수 있다.

106 ②

주어진 단어 중 밀가루, 제과점, 단팥을 통해 빵을 연상할 수 있다.

107 ①

여의도, 정치, 문희상을 통해 국회를 연상할 수 있다. 국회는 국민에 의하여 공선된 의원들이 입법, 기타 중요한 국책 결정에 참여하는 회의체 국가기관으로 여의도에 국회의사당이 있으며 2018년 9월 현재 국회의장은 문희상이다.

108 ①

개업, 사군자, 화분을 통해 난초를 연상할 수 있다. 개업을 축하하기 위해 사군자 중의 하나인 난초 화분을 선물로 보낸다.

109 ②

인천, 비행기, 여권을 통해 공항을 연상할 수 있다.

110 ②

탐정, 왓슨, 런던을 통해 셜록홈즈를 연상할 수 있다.

111 ④

- 폭염주의보 도시 : 포항(34.7℃), 부산(34℃)
- 폭염경보 도시 : 서울(36.2℃), 강릉(35℃), 전주(36℃), 광주(37℃)

112 ②

- 불쾌지수 1단계에 해당하는 도시 : 서울(36.2℃), 전주(36℃), 광주(37℃)
- 불쾌지수 2단계에 해당하는 도시 : 포항(34.7℃), 부산(34℃), 강릉(35℃)

113 ③

ⓒ '세후순이익 = 세전순이익 − 세금'이므로

세전순이익을 x 라 하고 ㉣㉺을 적용하면,

$8 = x - 0.2x = 0.8x$, ∴ $x = 10$이다.

ⓒ㉺에 따라 '영업이익 = 세전순이익 + 이자비용'이므로

영업이익은 $10 + 5 = 15$이다.

㉠에 따라 '영업이익 = 매출액 − (매출원가 + 감가상각비)'이므로

'매출액 = 영업이익 + 매출원가 + 감가상각비'가 된다.

매출액을 y 라 하고 ㉤㉦을 적용하면,

$15 + 0.8y + (5 \times 3) = y$, ∴ $y = 150$

114 ③

- 미세먼지 경보는 기상조건 등을 고려하여 해당지역의 대기자동측정소 PM-2.5 시간당 평균농도가 180 $\mu g/m^3$ 이상 2시간 이상 지속인 때를 말한다.
- 미세먼지 경보일 때, 해제 기준은 경보가 발령된 지역의 기상조건 등을 검토하여 대기자동측정소의 PM-2.5 시간당 평균농도가 90 $\mu g/m^3$ 미만인 때는 주의보로 전환한다.

115 ③

- 오존 경보는 기상조건 등을 고려하여 해당지역의 대기자동측정소 오존농도가 0.3ppm 이상인 때를 말한다.
- 오존 중대경보는 기상조건 등을 고려하여 해당지역의 대기자동측정소 오존농도가 0.5ppm 이상인 때를 말한다.

116 ①

오존 농도는 1시간당 평균농도를 기준으로 하며, 해당지역의 대기자동측정소 오존 농도가 1개소라도 경보단계별 발령기준을 초과하면 해당 경보를 발령할 수 있다.

117 ③

ⓒ 총사업비 550억 원의 50%는 275억 원이다. 국가의 재정지원 규모가 300억 원 미만이므로 예비타당성조사 대상이 아니다.

㉣ 제△△조 제1항 제2호에 따르면 총사업비가 500억 원 미만인 사업도 타당성조사 대상사업이 될 수 있다.

118 ④

선거 결과와 의석 배분의 규칙에 따라 당선된 후보를 정리하면 다음과 같다.

정당	후보	제1선거구	제2선거구	제3선거구	제4선거구
A	1번	당선	당선		당선
	2번				
B	1번	당선	당선	당선	
	2번			당선	
C	1번				당선
	2번				

④ 가장 많은 당선자를 낸 정당은 4명의 후보가 당선된 B정당이다.

① A정당은 제3선거구에서 의석을 차지하지 못 했다.

② B정당은 제4선거구에서 의석을 차지하지 못 했다.

③ C정당의 후보가 당선된 곳은 제4선거구이다.

119 ④

- 甲 일행
- 입장료 : 다자녀 가정에 해당하여 입장료가 면제된다.
- 야영시설 및 숙박시설 요금 : 5인용 숙박시설 성수기 요금인 85,000원이 적용되어 3박의 요금은 255,000원이다.
- 총요금 : 0원＋255,000원＝255,000원
- 乙 일행
- 입장료 : 동절기에 해당하여 입장료가 면제된다.
- 야영시설 및 숙박시설 요금 : 비수기이고 일행 중 장애인이 있어 야영시설 요금이 50% 할인된다. 따라서 30,000 × 0.5 × 6＝90,000원이다.
- 총요금 : 0원＋90,000원＝90,000원
- 丙 일행
- 입장료 : 1,000 × 10 × 3 = 30,000원
- 야영시설 및 숙박시설 요금 : 10,000 × 9박＝90,000원
- 총요금 : 30,000＋90,000＝120,000원

따라서 총요금이 가장 큰 甲 일행의 금액과 가장 작은 乙 일행의 금액 차이는 255,000－90,000＝165,000원이다.

120 ③

7개의 지사 위치를 대략적으로 나타내면 다음과 같다. 따라서 A에서 가장 멀리 떨어진 지사는 E이다.

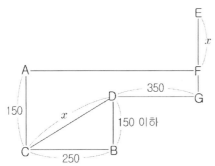

121 ④

「접수원 : 안녕하세요. Sillon 호텔입니다. 무엇을 도와드릴까요?
Ms. Lee : 방을 하나 예약하고 싶은데요.
접수원 : 예, 언제 필요하시죠?
Ms. Lee : 5월 3일요.
접수원 : 얼마나 머무르시죠?
Ms. Lee : 3박 4일요.
접수원 : 객실 타입은요?
Ms. Lee : 싱글 룸으로요. 가능하면 강가가 보이는 방으로 예약해주시면 감사하겠습니다.

접수원 : 물론이죠. 제가 한 번 가능한지 알아볼게요. 예, 10층에 풍경이 좋은 방이 하나 있네요.
Ms. Lee : 좋네요. 숙박 요금이 얼마죠?
접수원 : 조식도 드시겠어요?
Ms. Lee : 아니요.
접수원 : 부가세 포함해서 1박에 64유로입니다.
Ms. Lee : 괜찮습니다.
접수원 : 예약하시는 분 성함 좀 알려주시겠습니까?
Ms. Lee : Ms. Lee, L-E-E입니다.
접수원 : 그럼, 예약하신 사항 다시 확인해드리겠습니다.
Ms. Lee, 싱글 룸 5월 3일, 4일, 5일 사용하시는 겁니다. 맞습니까?
Ms. Lee : 예, 감사합니다.
접수원 : 예약확인번호를 드리겠습니다. P050305입니다. 다시 한 번 말씀드리겠습니다. P050305입니다. Sillion을 선택해 주셔서 감사합니다. 좋은 하루 보내세요. 감사합니다.
Ms. Lee : 안녕히 계세요.」

122 ②

항공보안검색의 대상은 모든 승객 및 휴대수하물이다.

123 ④

④ 주차장 C의 추가 요금을 초과 1시간당 2,500원으로 인상한다면 6시간 주차 시,
- A의 주차요금 : 5,000＋(5×3,000)＝20,000원
- B의 주차요금 : 9,000＋(4×2,500)＝19,000원
- C의 주차요금 : 11,000＋(3×2,500)＝18,500원

① 3시간 주차 시,
- A의 주차요금 : 5,000＋(2×3,000)＝11,000원
- C의 주차요금 : 11,000원

② 4시간 주차 시,
- A의 주차요금 : 5,000＋(3×3,000)＝14,000원
- B의 주차요금 : 9,000＋(2×2,500)＝14,000원
- C의 주차요금 : 11,000＋2,000＝13,000원

③ 주차장 B의 기본 요금을 2시간에 7,000원으로 인하한다면 5시간 주차 시,
- A의 주차요금 : 5,000＋(4×3,000)＝17,000원
- B의 주차요금 : 7,000＋(3×2,500)＝14,500원
- C의 주차요금 : 11,000＋(2×2,000)＝15,000원

124 ③

9~12시 사이에 출국장 1/2를 이용한 사람 수는 2,176명으로 이날 오전 출국장 1/2를 이용한 사람 수의 50% 이하이다.

125 ④

㉠ 지하철 이용 시 소요된 시간

　도보 20분 + 지하철 21분 + 도보 7분 = 48분

㉡ 버스 이용 시 소요된 시간

　도보 15분 + 버스 23분 + 도보 2분 = 40분

따라서 버스를 이용 시 9:40에 도착하고, 둘의 시간 차이는 8분이다.

126 ④

㉠ 운재가 지불한 금액은

- 정가 : $(5,000 \times 3) + (2,000 \times 10) = 35,000$원
- 할인 혜택 : 20% 할인 = $35,000 \times 0.2 = 7,000$원
- 배송 지연 : 5,000원

∴ 결제 금액 : $35,000 - 7,000 + 5,000 = 33,000$원

㉡ 성운이 지불한 금액은

- 정가 : $30,000 + (1,000 \times 5) = 35,000$원
- 할인 혜택 : 20% 할인, 2,000원 추가 할인 = $(35,000 \times 0.2) + 2,000 = 9,000$원
- 배송 지연 : $5,000 \times 2$일 = 10,000원

∴ 결제 금액 : $35,000 - 9,000 + 10,000 = 36,000$원

㉢ 영주가 지불한 금액은

- 정가 : $50,000 + (3,000 \times 2) + (1,000 \times 4) = 60,000$원
- 할인 혜택 : 20% 할인 = $60,000 \times 0.2 = 12,000$원
- 배송 지연 : 없음

∴ 결제 금액 : $60,000 - 12,000 = 48,000$원

㉣ 준하가 지불한 금액은

- 정가 : $(5,000 \times 2) + (3,000 \times 4) + (1,000 \times 2) = 24,000$원
- 할인 혜택 : 20% 할인 = $24,000 \times 0.2 = 4,800$원
- 배송 지연 : 5,000원

∴ 결제 금액 : $24,000 - 4,800 + 5,000 = 24,200$원

127 ③

	축구 유니폼	동물 옷	칼라 티셔츠	무지 티셔츠	린넨 셔츠
남학생	7표	3표	5표	1표	1표
여학생	2표	3표	4표	3표	2표
총계	9표	6표	9표	4표	3표

128 ①

	축구 유니폼	축구 유니폼	칼라 티셔츠	칼라 티셔츠
	독일, 긴팔	스페인, 반팔	흰색, 긴팔	회색, 반팔
남학생	4표	5표	3표	5표
여학생	3표	2표	5표	4표
총계	7표	7표	8표	9표
금액	• 칼라 티셔츠(회색, 반팔)의 1장 금액 : 17,000원 • 총 구매량 : 31장 • 할인율 : 20% ∴ 최종 금액 : $17,000 \times 31 \times 0.8 = 421,600$원			

129 ③

먼저 '층별 월 전기료 60만 원 이하' 조건을 적용해 보면 2층, 3층, 5층에서 각각 6대, 2대, 1대의 구형 에어컨을 버려야 한다. 다음으로 '구형 에어컨 대비 신형 에어컨 비율 1/2 이상 유지' 조건을 적용하면 4층, 5층에서 각각 1대, 2대의 신형 에어컨을 구입해야 한다. 따라서 A상사가 구입해야 하는 신형 에어컨은 총 3대이다.

130 ③

예약 가능한 비행기 스케줄 중 항공기의 안전이 위협받고 있는 카자흐스탄 영공을 지나지 않는 노선은 중국 홍콩을 경유하는 501편뿐이다.

〉〉 지각정확력

1 ②

딸깍	쌩쌩	철컥	딸깍	철컥	찰랑
또각	퍽퍽	휘릭	지글	곰곰	또각
지글	또각	쩽쩽	촉촉	퍽퍽	딸깍
찰랑	촉촉	딸깍	휘릭	쌩쌩	또각
쌩쌩	휘릭	퍽퍽	또각	지글	촉촉
퍽퍽	철컥	쩽쩽	찰랑	딸깍	철컥

2 ②

딸깍	쌩쌩	철컥	딸깍	철컥	찰랑
또각	퍽퍽	휘릭	지글	곰곰	또각
지글	또각	쩽쩽	촉촉	퍽퍽	딸깍
찰랑	촉촉	딸깍	휘릭	쌩쌩	또각
쌩쌩	휘릭	퍽퍽	또각	지글	촉촉
퍽퍽	철컥	쩽쩽	찰랑	딸깍	철컥

3 ②

딸깍	쌩쌩	철컥	딸깍	철컥	찰랑
또각	퍽퍽	휘릭	지글	곰곰	또각
지글	또각	쩽쩽	촉촉	퍽퍽	딸깍
찰랑	촉촉	딸깍	휘릭	쌩쌩	또각
쌩쌩	휘릭	퍽퍽	또각	지글	촉촉
퍽퍽	철컥	쩽쩽	찰랑	딸깍	철컥

4 ①

딸깍	쌩쌩	철컥	딸깍	철컥	찰랑
또각	퍽퍽	휘릭	지글	곰곰	또각
지글	또각	쩽쩽	촉촉	퍽퍽	딸깍
찰랑	촉촉	딸깍	휘릭	쌩쌩	또각
쌩쌩	휘릭	퍽퍽	또각	지글	촉촉
퍽퍽	철컥	쩽쩽	찰랑	딸깍	철컥

5 ③

딸깍	쌩쌩	철컥	딸깍	철컥	찰랑
또각	퍽퍽	휘릭	지글	곰곰	또각
지글	또각	쩽쩽	촉촉	퍽퍽	딸깍
찰랑	촉촉	딸깍	휘릭	쌩쌩	또각
쌩쌩	휘릭	퍽퍽	또각	지글	촉촉
퍽퍽	철컥	쩽쩽	찰랑	딸깍	철컥

6 ③

7 ④

8 ④

9 ④

♬	⌢	♯	♪	♩	⌢
꞉	𝄢	꞉	♫	♮	♯
♬	♪	♯	♩	𝄢	꞉
♯	♮	♫	𝄢	♬	♯
♩	꞉	𝄢	♫	♮	♬
♪	⌢	♯	♩	♩	♫

10 ①

♬	⌢	♯	♫	♩	⌢
꞉	𝄢	꞉	♫	♮	♯
♪	♪	♯	♩	𝄢	꞉
♯	♮	♫	𝄢	♬	♯
♩	꞉	𝄢	♫	♮	♬
♪	⌢	♯	♯	♩	♫

11 ④

س	ص	ب	ق	ج	س
ب	ج	س	غ	ي	غ
ط	غ	ل	ق	ل	ط
ق	ل	ج	ك	ل	ص
ي	ق	ص	س	غ	ج
ق					ك

12 ②

س	ص	ب	ق	ج	س
ب	ج	س	غ	ي	غ
ط	غ	ل	ق	ل	ط
ق	ل	ج	ك	ل	ص
ي	ق	ص	س	غ	ج
ق			ق		ب

13 ③

س	ص	ب	ق	ج	س
ب	ج	س	غ	ي	غ
ط	غ	ل	ق	ل	ط
ق	ل	ج	ك	ل	ص
ي	ق	ص	س	غ	ج
ق			ق		ب

14 ③

س	ص	ب	ق	ج	س
ب	ج	س	غ	ي	غ
ط	غ	ل	ط	ق	ط
ق	ل	ج	ك	ل	ص
ي	ق	ص	س	غ	ب
ق	ي	ق	ك	ي	

15 ④

س	ص	ب	ق	ج	س
ب	ج	س	غ	ي	غ
ط	غ	ل	ط	ق	ط
ق	ل	ج	ك	ل	ص
ي	ك	ص	س	غ	ج
ق	ي	ق	ك	ي	ب

16 ②

🗗은 위 기호 무리에 제시되지 않았다.

17 ①

⏀은 위 기호 무리에 제시되지 않았다.

18 ①

🖢은 위 기호 무리에 제시되지 않았다.

19 ④

✺은 위 기호 무리에 제시되지 않았다.

20 ④

⛛은 위 기호 무리에 제시되지 않았다.

21 ①

①은 위 기호 무리에 제시되지 않았다.

22 ②

　⓪은 위 기호 무리에 제시되지 않았다.

23 ③

　⑨은 위 기호 무리에 제시되지 않았다.

24 ④

　④은 위 기호 무리에 제시되지 않았다.

25 ③

　❼은 위 기호 무리에 제시되지 않았다.

26 ④

　ᅧ은 위 기호 무리에 제시되지 않았다.

27 ③

　Ʀ은 위 기호 무리에 제시되지 않았다.

28 ③

　Ҳ은 위 기호 무리에 제시되지 않았다.

29 ②

　Ⴤ은 위 기호 무리에 제시되지 않았다.

30 ①

　ᅴ은 위 기호 무리에 제시되지 않았다.

31 ①

모든 사원은 직무교육을 받는데, 그 중 어떤 사원은 업무의 능력이 좋으므로, 직무교육을 받은 어떤 사원은 업무능력이 좋다.

32 ②

전체 약은 쓰지만, 약 종류에 따라 아이들은 좋아하므로 〈보기 2〉는 거짓이다.

33 ①

위에 제시된 조건을 정리하여 도식화하면 다음과 같이 나타낼 수 있다.

$$B > D > C > F > A > E$$
$$\uparrow \qquad \uparrow$$
$$G \qquad \quad G$$

34 ③

벌금을 내지 않은 날이 될 수 있는 경우는 수 – 목 – 금, 화 – 수 – 목, 화 – 수 – 금인 3가지인데, 이 3가지 경우 모두 벌금을 내지 않은 날이 계속되어 나타난다. 이에 벌금을 낸 날이 연속되기 위해선 화요일에도 지각을 했던 것이 되어야 하지만 제시된 명제만으로는 화요일에 지각을 했는지는 알 수 없다.

35 ①

보기의 내용을 토대로 수증기 ⊂ 물 ⊂ 투명의 포함관계가 됨을 알 수 있다.

36 ①

상상력이 풍부하지 않은 사람은 그림을 잘 그리는 사람이 아니며, 그림을 잘 그리는 사람이 아니면 노래를 잘하지 않는다. 그러므로 상상력이 풍부하지 않은 사람은 노래를 잘하지 않음을 알 수 있다.

37 ③

잘하는 순서를 조건에 대입해 보면 다음과 같다.
- 수영 : B > C > D
- 달리기 : D > A > B

38 ①

주어진 관계를 C를 중심으로 정리하면, A는 엄마, D는 아빠, E는 친할머니, G는 친할아버지, B는 외조부모이지만 성별을 알 수 없다. 더불어서 F가 G의 친손녀라는 전제만으로는 F와 C가 남매인지 사촌지간인지 알 수 없다.

39 ①

모든 호랑이는 어떤 육식동물에 포함되므로 "모든 호랑이는 노래를 잘한다."라는 전제를 통해 참이 되는 것을 알 수 있다.

40 ②

C는 E와 이웃하므로 2번째 또는 4번째에 오고, D는 6번째 또는 7번째에 온다. 따라서 C와 D는 이웃할 수 없음을 알 수 있다.

41 ①

A가 4번째에 있으면 B는 맨 앞에는 올 수 없으므로, 7번째에 있다. 따라서 D는 6번째에 있음을 알 수 있다.

42 ①

D가 6번째에 있으면 A 또는 B가 5번째에 오는데, A는 C와 이웃하지 않으므로 5번째에 올 수 없다. 그러므로 B가 5번째에 오게 되어 B와 D는 이웃하게 된다.

43 ①

위의 보기 내용을 조합해 보면 다음과 같다.
- 동생 ⊂ 학생 ⊂ 성인 ⊂ 사람
- 직장인 ⊂ 성인 ⊂ 사람

44 ②

주어진 정보를 통해 진급시험에서 떨어진 사람은 B, E, G이고, C와 D 중 1명이 진급했지만 누가 진급했는지는 알 수 없으며, 진급이 확실한 사람은 F이다.

45 ①

패스워드로 사용 가능한 숫자는 소수(2, 3, 5, 7)를 제외한 (9, 8, 6, 4, 1, 0)이다. 보기 1에 따르면 짝수로 시작하므로 9로 시작할 수 없고, 큰 수부터 순서대로 배열되며 숫자가 중복되지 않는다. 그러므로 패스워드로 가능한 조합은 "8410, 6410" 두 종류이다.

46 ②

보기 1에서 첫 번째부터 4번째까지 정리하면 다음과 같은 순서로 나타낼 수 있다.

	C	D	A	B	E
a			−2	+3	+6
b	0	−4		−7	−4
c			−6	−1	+2
d				−11	−8

이 때 〈보기 1〉의 5번째 내용을 충족하는 것은 c이며, 다섯 사람의 나이가 모두 다르다는 조건을 충족하는 것은 a, c, d이다. 그러므로 A~E의 연령으로 알맞은 것은 c가 된다. 여기서 나이가 두 번째로 많은 사람은 C임을 알 수 있다.

47 ②

E 바로 뒤에 A가 면접을 보게 되므로 E의 면접시간으로 가능한 시간은 1시, 3시, 5시이다. E가 3시에 면접을 보게 되며 A가 4시에 면접을 봐야 하므로 제외되며, E가 5시에 면접을 보게 되면 A가 6시에 면접을 봐야 하므로 제외된다. 그러므로 E의 면접시간은 오후 1시이고, A의 면접시간은 오후 2시가 된다.

48 ②

소수의 첫째 동생은 26살, 다수는 25살로 소수의 첫째 동생이 다수보다 나이가 많음을 알 수 있다.

49 ①

"A는 B가 아니다."라는 가언 삼단논법의 형식에 따르면, "흥부가 놀부보다 돈을 잘 벌지 못해야 한다."라는 결론에 도달되어야 한다.

50 ①

위의 보기 내용을 토대로 보면 "A사의 3G는 와이파이보다 **빠르다.**"라는 명제를 통해 알 수 있다.

>> 판단력

51 ④

④ 제시된 글 중후반부의 "그러나 공리주의가 모든 경우에 항상 올바른 해답을 줄 수 있는 것은 아니다.", "다수의 생명을 구하기 위해 한 사람의 목숨을 희생한 행위가 정당했다고 주장하겠는가?"의 내용으로 미루어 보아 알 수 있다.

52 ③

첫 번째 문단에서 문제를 알면서도 고치지 않았던 두 칸을 수리하는 데 수리비가 많이 들었고, 비가 새는 것을 알자마자 수리한 한 칸은 비용이 많이 들지 않았다고 하였다. 또한 두 번째 문단에서 잘못을 알면서도 바로 고치지 않으면 자신이 나쁘게 되며, 잘못을 알자마자 고치기를 꺼리지 않으면 다시 착한 사람이 될 수 있다 하며 이를 정치에 비유해 백성을 좀먹는 무리들을 내버려 두어서는 안 된다고 서술하였다. 따라서 글의 중심내용으로는 잘못을 알게 되면 바로 고쳐 나가는 것이 중요하다가 적합하다.

53 ②

생태계속에서 다양성이 필요한 상황들을 사회의 상황과 유사성을 빗대어 유추하며 설명하고 있다.

※ 유추 … 두 개의 사물이 여러 면에서 비슷하다는 것을 근거로 다른 속성도 유사할 것이라고 추론하는 것

54 ④

① '한민족의 뿌리를 찾자! 대한 고등학교 연수단' 부분에서 여행의 동기와 목적을 알 수 있다.
② 두 번째 문단에서 비행기 이륙시의 감흥을 상세하게 묘사하였다. 또한 '나는 지금 어디로 가고 있을까, 꿈속을 헤매는 영원한 방랑자가 된 걸까?' 등으로 첫 해외여행의 출발에 대한 감흥을 나타내었다.
③ '8월 15일 오후 3시 15분~ 한여름의 무더위도~'라며 자세하게 설명하고 있다.

※ 노정과 일정
- ㉠ 노정(路程) : 목적지까지의 거리나 걸리는 시간, 거쳐 지나가는 길이나 과정을 의미한다.
- ㉡ 일정(日程) : 일정 기간 동안 해야 할 일의 계획을 날짜별로 짜 놓은 것 또는 계획을 말한다.

55 ③

㉢ 도구를 만들 줄 알게 됨을 설명 → ㉠ 도구로 인한 인간의 변화 → ㉡ 변화에 대한 구체적 설명 → ㉣ 예시를 제시하고 있다.

56 ③

지문의 중심내용은 기존 시장 포화의 대안으로 내놓은 vip 마케팅으로 인해 오히려 어려움을 겪고 있다는 것이다. 자승자박(自繩自縛)은 스스로 만든 줄로 제 몸을 묶는다는 뜻, 자신이 한 행동과 말에 구속되어 어려움을 겪는 것을 말한다.
① 견강부회(牽強附會) : 되지도 않는 말 또는 주장을 억지로 자신의 조건이나 주장에 맞도록 하는 것을 말한다.
② 비육지탄(髀肉之嘆) : 보람 있는 일을 하지 못한 채 세월만 헛되이 보내는 것을 한탄하는 것을 이른다.
④ 화이부동(和而不同) : 주위와 조화를 이루며 지내기는 하나 부화뇌동이나 편향된 행동등을 하지 않으며 같아지지 않는 것을 뜻한다.

57 ②

앞부분에서 힐링에 대한 개념 설명, 후에 힐링에 관한 상품 유행에 대해서 이야기 하고 있다. 괄호 전에 고가의 힐링 상품에 대한 설명이 있었으며, 직전에 '그러나'라는 역접이 쓰였고, 뒤에는 요가, 명상, 기도 등 많은 돈을 들이지 않고 힐링을 할 수 있는 방법에 대한 예시가 나타나 있다. 따라서 괄호 안에는 많은 돈을 들이지 않고 쉽게 할 수 있는 일부터 찾아야 한다는 ②이 적합할 것이다.

58 ③

③ 글에서 말하는 '호모 사피엔스'는 인간을 말한다. '호모 사피엔스'(인간)는 숭고한 본능을 새로 얻고, 세속적 본능은 옛날부터 갖고 있던 것이라고 서술되어 있다.

59 ②

첫 번째 문단에서는 아바이 마을에 대한 설명, 두 번째는 가자미인 자리고기에 대한 설명, 세 번째는 가자미를 이용해 만든 가자미식해에 대한 설명이다. 따라서 이 세 문단의 내용을 모두 담을 수 있는 제목으로는 ② 속초의 아바이 마을과 가자미식해가 적합하다.

60 ④

④ 조선시대는 입법, 사법, 행정의 권력 분립이 제도화 되어 있지 않아 재판관과 행정관의 구별이 없었다고만 설명하여 재판관과 행정관의 역할을 알 수 없다.

61 ③
- 분류 : 하위 개념을 상위 개념으로 묶어 가면서 설명
- 구분 : 상위 개념을 하위 개념으로 나누어 가면서 설명
- 비교 : 둘 이상의 대상 사이의 유사점에 대하여 설명
- 대조 : 둘 이상의 대상 사이의 차이점에 대하여 설명

62 ②

문제에서 제시한 서론은 전통 음악의 대중화 방안이 시급함을 주제로 한다. 화자에게 서양 음악은 낯선 음악으로 부정적으로 생각하는 대상이다. 따라서 서양 음악에 대한 이해 증진은 본론에 들어갈 내용으로 적절하지 않다.

63 ④

윗글의 두 번째 문단 둘째 줄에서 '영어는 국제 경쟁력을 키우는 차원에서 반드시 배워야 한다. 하지만 영어보다 더 중요한 것은 우리의 말과 글이다.'라는 부분과 세 번째 문단 둘째 줄에 있는 '하지만 우리의 말과 글을 바로 세우는 일에도 소홀해서는 절대 안 된다.'라고 한 부분을 통해서 ④의 내용이 필자의 주장임을 알 수 있다.

64 ③

제시문은 학생들이 잊지 말아야 할 유의사항들을 구체적 '예시'를 들어 설명하고 있으므로 답지도 이와 같이 '예시'로 이루어진 문장을 찾으면 된다.
① 정의 ② 비유 ③ 예시 ④ 비교

65 ④

위 글에 '원을 이용하지 못하는 민간인 여행자들은'이라고 나온 것으로 보아 보기 ④의 '민간인 여행자들도 자유롭게 '원(院)'에서 숙식을 해결했을 것이다.'라는 내용은 적절하지 않다.

66 ③

'ⓒ'은 위 글의 중심문장으로 맨 앞에 와야 하고 'ⓒ'의 뒤를 이어 과학과 종교에 대해 이야기 하고 있는 'ⓐ과 ⓓ'이 와야 한다. 하지만 'ⓓ'이 '반면 ~'으로 시작함으로 'ⓓ' 앞에 'ⓐ'이 옴을 알 수 있다. 그리고 'ⓔ'은 앞에 나온 과학과 종교에 대한 내용을 한 문장으로 요약하였기 때문에 'ⓓ' 뒤에 와야 한다. 끝으로 'ⓑ'은 다시 앞에 나온 'ⓔ'의 내용의 반론이자 저자의 중심 생각을 강조한 내용이므로 마지막 부분에 온다. 따라서 ③이 옳은 정답이다.

67 ④

위 글에서는 인공조형물에 대한 설명이 없으므로 보기 ④가 적절하지 않은 것이다.

68 ④

위 글은 전문가의 견해를 인용하고 물음을 통해 청중의 주의를 환기시키고 있으며 구체적인 사례를 들어 설명하고 있지만 매체의 특성을 고려하여 발표 내용을 조절하고 있지는 않다.

69 ④

화자는 첫 문단에서 예술의 어원과 예술의 포괄적 의미에 대해 언급한 후, 두 번째 문단에서 18세기에 와서야 예술이 '미적 가치 실현을 본래의 목적으로 하는 기술'의 한정적 의미로 사용되었음을 밝히고 있다. 따라서 이 글의 제목으로는 ④가 적절하다.

70 ①

① 글의 마지막에 책 읽기는 결코 손쉬운 일이 아니며 읽기에는 상당량의 정신 에너지와 훈련이 요구된다고 언급하고 있으므로 별다른 훈련이나 노력 없이 마음만 먹으면 가능한 일이라고 보는 것은 이 글의 내용과 부합하지 않는다.

71 ③

과장이 4명이므로 'A'가 근무를 하게 될 경우의 수는 4가지이다. 다른 사원들은 고려할 필요가 없다. 확률은 사원이 3명이므로 $\frac{1}{3}$이 된다.

72 ④

1부터 20까지의 수를 모두 더하면 210이다. 20개의 수 중 임의의 수 a와 b를 지우고 a − 1, b − 1을 써넣은 후의 전체 수의 합은 $210 - (a+b) + (a-1+b-1)$ $= 210 - 2 = 208$이 된다. 그러므로 이 시행을 20번 반복한 후에 전체 수의 합은 처음 전체 수의 합 210에서 40이 감소한 170이 된다.

73 ④

배의 속력을 x, 강물의 속력을 y라 하면

$$\begin{cases} \dfrac{100}{x-y} = 5 \Rightarrow x - y = 20 \\ \dfrac{100}{x+y} = 2 \Rightarrow x + y = 50 \end{cases}$$

$\therefore x = 35\,(\text{km/시}),\ y = 15\,(\text{km/시})$

74 ④

남자가 한 명도 선출되지 않을 확률은 여자만 선출될 확률과 같은 의미이다.

$$\frac{{}_5C_2}{{}_{12}C_2} = \frac{5 \times 4}{12 \times 11} = \frac{5}{33}$$

75 ③

문제에 제시된 조건으로 기반으로 계산해 보면 다음과 같다.

• 스케치북의 할인가 : 1,600원
• 색연필의 할인가 : 800원

$1{,}600x + 800(10 - x) \leq 10{,}000$

따라서 $x \leq 2.5$개 이므로 스케치북은 최대 2개까지 구매가 가능하다.

76 ④

엄마의 나이를 x, A의 나이를 y, 아빠의 나이를 $x + 4$라고 할 시에,

$x + x + 4 = 5y \cdots \textcircled{\small ㉠}$

$x + 4 + 10 = 2(y + 10) \cdots \textcircled{\small ㉡}$

㉠과 ㉡의 두 식을 연립하여 계산하면,

$x = 38,\ y = 16$이므로, 엄마는 38세, A는 16세, 아빠는 42가 된다.

77 ③

동일한 위치에서 동시에 출발한 갑과 을 두 사람이 다시 만난다는 것은 빠른 사람이 한 바퀴를 돌아 느린 사람을 앞질러가는 순간이므로 두 사람의 이동거리는 1바퀴 차이, 즉 0.6km 차이이다. 갑과 을 두 사람이 다시 만날 때까지 걸리는 시간을 t시간이라 할 때, 거리에 대한 식은 다음과 같다.

$15t - 10t = 0.6$

$\therefore t = 0.12(\text{시간}) = 7.2(\text{분}) = 7분 12초가 된다.$

78 ③

모든 짐의 양을 1이라 할 시에, 하루에 남자 1명이 옮길 수 있는 짐의 양은 $\frac{1}{25}$이고, 하루에 여자 1명이 옮길 수 있는 짐의 양은 $\frac{1}{50}$이다. 그렇기에 하루에 남자 2명·여자 2명이 옮길 수 있는 짐의 양은 $2 \times \frac{1}{25} + 2 \times \frac{1}{50} = \frac{3}{25}$이므로 모든 짐을 옮기는 데 있어서 소요되는 시간은 $\frac{25}{3} ≒ 8.33$이므로 9일이 걸리게 된다.

79 ④

구분	합격자	불합격자	지원자 수
남자	$2a$	$4b$	$2a + 4b$
여자	$3a$	$7b$	$3a + 7b$

합격자가 160명이므로 $5a = 160 \Rightarrow a = 32$

$3 : 5 = (2a + 4b) : (3a + 7b)$

$\Rightarrow 5(2a + 4b) = 3(3a + 7b)$

$\Rightarrow a = b = 32$

따라서 여학생 지원자의 수는 $3a + 7b = 10a = 320$(명)이다.

80 ④

A가 출발한 지 x분 후의 위치를 y라 하면 A는 $y = 2x$, B는 $y = 3(x-2)$를 만족한다.
서로 만나는 것은 위치가 같다는 뜻이므로 $2x = 3(x-2)$
∴ $x = 6$(분)

81 ②

지난 주 판매된 A 메뉴를 x, B 메뉴를 y라 하면
$$\begin{cases} x + y = 1000 \\ x \times (-0.05) + y \times 0.1 = 1000 \times 0.04 \end{cases}$$
두 식을 연립하면 $x = 400$, $y = 600$
따라서 이번 주에 판매된 A 메뉴는
$x \times 0.95 = 400 \times 0.95 = 380$명분이다.

82 ②

지수가 걸린 시간을 y, 엄마가 걸린 시간을 x라 하면
$$\begin{cases} x - y = 10 \cdots ㉠ \\ 100x = 150y \cdots ㉡ \end{cases}$$ 에서 ㉠을 ㉡에 대입한다.
$100(y + 10) = 150y \Rightarrow 5y = 100 \Rightarrow y = 20$
따라서 지수는 20분 만에 엄마를 만나게 된다.

83 ①

직사각형의 넓이는 $1 \times 2 = 2$이다. 정사각형은 네 변의 길이가 모두 동일하므로 한 변의 길이를 x라고 할 때, $x^2 = 2$이므로 $x = \sqrt{2}$이다.

84 ④

피자 1판의 가격을 x, 치킨 1마리의 가격을 y라고 할 때, 피자 1판의 가격이 치킨 1마리의 가격의 2배이므로 $x = 2y$가 성립한다.
피자 3판과 치킨 2마리의 가격의 합이 $80,000$원이므로, $3x + 2y = 80,000$이고
여기에 $x = 2y$를 대입하면 $8y = 80,000$이므로
$y = 10,000$, $x = 20,000$이다.

85 ①

□ADEB의 넓이는 9이고 □BFGC의 넓이가 4이므로, $\overline{AB}$의 길이는 3이고 $\overline{BC}$의 길이는 2이다. 피타고라스의 정리에 의하면 직각삼각형에서 직각을 끼고 있는 두 변의 제곱의 합은 빗변의 길이의 제곱과 같으므로, $\overline{AC}$의 길이를 x라고 할 때, $x^2 = 9 + 4 = 13$이다.

86 ③

세 종류의 과일 중 두 종류의 과일을 고를 수 있는 경우는 (사과, 배), (사과, 바나나), (배, 바나나)의 세 가지이다. 여기에 두 종류의 채소 중 한 종류의 채소를 섞어 주스를 만들게 되므로 총 메뉴는 6가지가 된다.

87 ④

P도시에서 Q도시로 가는 길은 3가지이고, Q도시에서 R도시로 가는 길은 2가지이므로, P도시를 출발하여 Q도시를 거쳐 R도시로 가는 방법은 $3 \times 2 = 6$가지이다.

88 ④

닮음비란 서로 닮은 두 도형에서 대응하는 변의 길이의 비이다. 정육면체의 부피는 (한 밑변의 넓이) × (높이) = (한 모서리의 길이) × (한 모서리의 길이) × (한 모서리의 길이)이므로, 큰 정육면체 B의 부피는 작은 정육면체 A의 부피의 $2^3 = 8$배이다.

89 ④

표준편차는 자료의 값이 평균으로부터 얼마나 떨어져 있는지, 즉 흩어져 있는지를 나타내는 값이다. 표준편차가 0일 때는 자룟값이 모두 같은 값을 가지고, 표준편차가 클수록 자룟값 중에 평균에서 떨어진 값이 많이 존재한다.

90 ③

서원각의 매출액의 합계를 x, 소정의 매출액의 합계를 y로 놓으면

$x + y = 91$

$0.1x : 0.2y = 2 : 3 \rightarrow 0.3x = 0.4y$

$x + y = 91 \rightarrow y = 91 - x$

$0.3x = 0.4 \times (91 - x)$

$0.3x = 36.4 - 0.4x$

$0.7x = 36.4$

$\therefore x = 52$

$0.3 \times 52 = 0.4y \rightarrow y = 39$

x는 10% 증가하였으므로 $52 \times 1.1 = 57.2$

y는 20% 증가하였으므로 39×46.8

두 기업의 매출액의 합은 $57.2 + 46.8 = 104$

>> 단어연상력

91 ③

탄소, 반지, 결혼을 통해 다이아몬드를 연상할 수 있다. 다이아몬드는 순수한 탄소로 이루어져 있다. 다이아몬드는 결혼 예물 반지로 많이 사용된다.

92 ①

오타와, 단풍, CAD을 통해 캐나다를 연상할 수 있다. 오타와는 캐나다의 수도이며, 캐나다 화폐 단위는 CAD이다. 캐나다는 단풍나무로 유명해 단풍국으로도 불리며, 국기에 단풍나마 잎이 그려져 있다.

93 ②

여우, 장미, 소행성을 통해 어린왕자를 연상할 수 있다.

94 ②

나트륨, 젓갈, 조미료를 통해 소금을 연상할 수 있다. 소금은 나트륨과 염소가 동일한 비율로 결합되어 이루어지는 정입방체의 결정으로 음식의 맛을 내는 조미료로써 오랫동안 이용되어 왔다. 젓갈은 어패류의 살·알·창자 등을 소금에 짜게 절여 발효시킨 식품을 총칭한다.

95 ②

86, 공자, 황사를 통해 중국을 연상할 수 있다. 86은 중국의 국가번호이다.

96 ①

주어진 단어 중 안전, 공무원, 총을 통해 경찰을 연상할 수 있다.

97 ③

인두, 스팀, 구김을 통해 다리미를 연상할 수 있다. 인두는 화롯불에 묻어 놓고 달구어 가며 천의 구김살을 눌러 펴거나 솔기를 꺾어 누르는 데 쓰는 것으로, 과거에 다리미와 같은 기능을 하던 도구이다.

98 ①

눈, 그린란드, 온난화를 통해 빙하를 연상할 수 있다. 빙하는 눈이 오랫동안 쌓여 다져져 육지의 일부를 덮고 있는 얼음층으로 대부분은 남극 대륙과 그린란드에 넓은 빙상(ice sheet)으로 존재한다. 온난화로 인해 빙하가 녹아내리는 문제가 발생하고 있다.

99 ④

아폴로, 삭망, 토월을 통해 달을 연상할 수 있다. 1969년 미국의 아폴로 11호는 최초로 인간의 달 착륙에 성공하였다. 달은 스스로 빛을 발하지 않으므로 태양의 빛이 닿는 부분만 반사하여 빛나는 것처럼 보이는 삭망 현상을 나타낸다. 토월(兎月)은 달을 달리 이르는 말이다.

100 ④

냉장고, 설거지, 식탁을 통해 부엌을 연상할 수 있다.

101 ①

주어진 단어 중 우산, 비, 여름을 통해 장마를 연상할 수 있다.

102 ③

일본, 이완용, 외교권을 통해 을사조약을 연상할 수 있다. 을사조약은 1905년 일본이 한국의 외교권을 박탈하기 위해 강제로 체결한 조약으로 이 조약에 찬성한 박제순 · 이지용 · 이근택 · 이완용 · 권중현의 5명을 을사오적(乙巳五賊)이라 한다.

103 ③

촛불집회, 세종대왕, 경복궁을 통해 광화문을 연상할 수 있다. 광화문은 경복궁의 정문으로, 광화문 광장에는 세종대왕과 충무공 이순신의 동상이 있으며, 촛불집회 장소로도 유명하다.

104 ④

산타클로스, 생일, 명절을 통해 선물을 연상할 수 있다.

105 ②

발열, 낙타, 감염병을 통해 메르스를 연상할 수 있다. 메르스는 중동 지역의 낙타와의 접촉을 통해 감염될 가능성이 높아 중동 호흡기 증후군(Middle East Respiratory Syndrome)으로 명명되었다. 감염 시 발열을 동반한 기침, 호흡곤란, 숨가쁨, 가래 등 호흡기 증상을 주로 보인다.

106 ①

오스트리아, 볼프강, 피가로의 결혼을 통해 모차르트를 연상할 수 있다. 모차르트의 풀네임은 볼프강 아마데우스 모차르트(Wolfgang Amadeus Mozart)이다.

107 ③

도전, 정상, 봉우리를 통해 등산을 연상할 수 있다.

108 ③

반지, 화환, 주례를 통해 결혼식을 연상할 수 있다.

109 ④

구름, 설탕, 사탕을 통해 솜사탕을 연상할 수 있다.

110 ③

에스프레소, 카페인, 바리스타를 통해 커피를 연상할 수 있다.

111 ④

저품질의 A가 시장에서 사라진 상황에서 C의 가격대가 저품질 A의 가격대보다 크게 인상된다면, 자신에게 알맞은 가격대(저가–저품질 A, 고가–고품질 A)의 제품을 선택할 수 있었던 소비자의 권리가 상실되었다고 볼 수 있는데, 이 경우에 경제적 이유로 저품질 A가 속해있던 가격대의 제품을 구입하던 소비자들에게 고품질 A나 C 등을 구입하는데 있어서 많은 부담을 느끼게 될 것이다. 그러므로 소비자들의 효용 감소가 상당히 크다고 볼 수 있으며, 사회적인 후생이 감소할 가능성이 높아진다고 할 수 있다.

112 ③

대화 내용을 토대로 속력과 시간 및 거리의 관계를 묻고 있음을 알 수 있다. 속력 $= \dfrac{거리}{시간}$ 으로 나타내며, 문제에서 보면 김유신과 강감찬은 일정 간격의 가로등 사이의 시간을 보고 있으므로, 거리는 일정하다고 볼 수 있다. 그렇기에 속력 및 시간과의 관계는 반비례의 관계가 성립된다. 또한, 김유신의 시간이 증가하는 정도가 강감찬의 시간이 감소하는 정도보다 더 완만하다. 그렇기 때문에 속력 또한 김유신 쪽이 보다 더 완만한 감소를 보여주어야 한다. 더불어서 김유신은 단군도서관에서 버스를 내리고 강감찬은 버스에 승차하였기 때문에 김유신의 16초 구간과 강감찬의 16초 구간 사이에 버스가 승차한 구간 즉, 속력이 '0'인 구간이 존재해야 한다. 그렇기 때문에 정답은 ③번이 되어야 한다.

113 ③

담배 소송의 판결문에서 "사회적 의무성" 및 "원인조사의 용이성"을 부정하면서 인과관계의 입증을 완화하지 않고 있기 때문에 공해 소송에서는 "사회적 의무성" 및 "원인조사의 용이성"을 긍정하고 있음을 알 수 있다. 그렇기 때문에 "사회적 의무성"을 긍정한 ⓒ은 옳으며, 담배소송의 판결문에서 "흡연자의 흡연 및 폐암 발병 사이의 인과관계의 고리를 자연과학적으로 모두 증명하는 것이 곤란하거나 또는 불가능하기는 하지만"이라고 함으로서 앞의 공해 소송의 판결과 같은 견해를 나타내고 있음을 알 수 있다. 그러므로 ⓔ도 옳다.

114 ③

그림에서 보면 2006년 가장 낮은 시장점유율을 가진 기업은 ◆◆ 기업이므로 D 기업은 ◆◆ 기업임을 알 수 있다. 또한 D 기업과 2006년 대비 2007년 판매액 증가율이 차이가 1%p인 기업인 B 기업은 ★★ 기업이다. 그러면 B 기업과 D 기업을 제외하고, 2006년 대비 2007년 판매액 증가율이 8% 이상인 기업은 한 곳 뿐이므로 A 기업은 ▲▲ 기업이다. 나머지 두 개인 기업 중 B 기업과의 2006년 시장점유율의 합계가 45% 이상일 수 있는 기업인 C 기업은 ●● 기업이다. 그렇게 되면 E 기업은 ■■ 기업이다. 정리하면 다음과 같다.

① A 기업의 2006년의 시장점유율은 15%이다.
② B 기업의 2007년 판매증가율은 9%이다.
③ C 기업의 2006년 시장점유율은 40%로 타 기업보다 크다.
④ E 기업의 2007년 판매액에 대한 증가율은 5%로 타 기업보다 작다.

115 ②

ⓐ 갑은 낭포성의 유전자를 가지고 있는 '쥐'를 활용한 실험을 통해서 낭포성의 유전자를 지닌 '사람' 또한 콜레라로부터 보호를 받을 것이라는 결론을 내렸다. 결국 쥐에서 나타나는 질병의 양상은 인간에게도 비슷하게 적용된다는 것을 전제로 한다.
ⓒ 갑은 실험에서 '콜레라 균'에 감염을 시키는 대신 '콜레라 독소'를 주입하였다. 결국 콜레라 독소의 주입이 콜레라균에 의한 감염과 동일한 증상을 유발함을 전제로 한다.
ⓔ 만약 낭포성의 섬유증 유전자를 지닌 모든 인간이 낭포성 섬유증으로 인해 청년기 전에 사망한다면 '살아남았다'고 할 수 없을 것이다. 그렇기 때문에 '낭포성 섬유증 유전자를 가진 모든 인간이 이로 인해 청년기 전에 사망하는 것은 아니다.'라는 전제가 필요하다.

116 ④

위 내용에서는 '심리 상태를 나타내는 언어를 행동의 성향을 기술하는 말로 정의할 수 있다.'는 행동주의자들의 주장을 비판하고 있다. 심리 상태를 행동성향을 나타내는 말로 정의하기 위해서는 무수히 많은 행동의 성향으로 나타내어야 할 뿐만 아니라, 이를 성립시키기 위해서는 다른 여러 심리 상태들에 대한 가정이 필요하다. 다시 말해 또 다시 심리상태 언어를 끌어들어야 하는 것이다. 그러므로 이를 나타내는 ④번이 적절하다.

117 ④

회의 시간이 런던을 기준으로 11월 1일 9시이므로, 이때 서울은 11월 1일 18시, 시애틀은 11월 1일 2시이다.

- 甲은 런던을 기준으로 말했으므로 甲이 프로젝트에서 맡은 업무를 마치는 시간은 런던 기준 11월 1일 22시로, 甲이 맡은 업무를 마치는 데 필요한 시간은 $22 - 9 = 13$시간이다.

- 乙은 시애틀을 기준으로 이해하고 말했으므로 乙은 甲이 말한 乙이 말한 다음날 오후 3시는 시애틀 기준 11월 2일 15시이다. 乙은 甲이 시애틀을 기준으로 11월 1일 22시에 맡은 일을 끝내 줄 것이라고 생각하였으므로, 乙이 맡은 업무를 마치는 데 필요한 시간은 $2 + 15 = 17$시간이다.

- 丙은 서울을 기준으로 말했으므로 丙이 말한 모레 오전 10시는 11월 3일 10시이다. 丙은 乙이 서울을 기준으로 11월 2일 15시에 맡은 일을 끝내 줄 것이라고 생각하였으므로, 丙이 맡은 업무를 마치는 데 필요한 시간은 $9 + 10 = 19$시간이다.

따라서 계획대로 진행될 경우 甲, 乙, 丙이 맡은 업무를 끝내는 데 필요한 총 시간은 $13 + 17 + 19 = 49$시간으로, 2일하고 1시간이라고 할 수 있다. 이를 서울 기준으로 보면 11월 1일 18시에서 2일하고 1시간이 지난 후이므로, 11월 3일 19시이다.

118 ①

승차 정원이 2명인 E를 제외한 나머지 차량의 차량별 실구매 비용을 계산하면 다음과 같다.

(단위 : 만 원)

차량	차량 가격	충전기 구매 및 설치비용	정부 지원금 (완속 충전기 지원금 제외)	실구매 비용
A	5,000	2,000	2,000	$5,000 + 2,000 - 2,000$ $= 5,000$
B	6,000	0(정부 지원금)	1,000	$6,000 + 0 - 1,000$ $= 5,000$
C	8,000	0(정부 지원금)	3,000	$8,000 + 0 - 3,000$ $= 5,000$
D	8,000	0(정부 지원금)	2,000	$8,000 + 0 - 2,000$ $= 6,000$

이 중 실구매 비용이 동일한 A, B, C에 대하여 '점수 계산 방식'에 따라 차량별 점수를 구하면 A는 승차 정원에서 2점의 가점을, B는 최고속도에서 4점의 감점과 승차 정원에서 4점의 가점을 받게 되고 C는 감점 및 가점이 없다. 따라서 甲이 선정하게 될 차량은 A이다.

119 ④

방식 1~3에 따른 甲, 乙, 丙 신문사가 받을 광고비는 다음과 같다.

구분	甲	乙	丙
방식 1	0원	300만 원	500만 원
방식 2	200만 원	400만 원	400만 원
방식 3	375만 원	375만 원	250만 원

④ 방식 1로 선정할 경우, 甲은 80점 미만을 득점하여 광고비를 지급받지 못한다.

120 ②

기준 점수에 따라 통과 및 미통과, 2018년도 예산편성을 정리하면 다음과 같다.

정책	계획의 충실성 (기준 점수 90점)	계획 대비 실적 (기준 점수 85점)	성과지표 달성도 (기준 점수 80점)	예산 편성
A	통과	통과	미통과	10% 감액
B	통과	미통과	통과	15% 감액
C	통과	통과	통과	동일
D	통과	미통과	미통과	15% 감액
E	통과	통과	미통과	10% 감액
F	통과	통과	통과	동일

② 각 정책별 2018년도 예산은 A 18억, B 17억, C 20억, D 17억, E 18억, F 20억으로 총 110억 원이다. 따라서 재무부의 2018년도 A~F 정책 예산은 전년 대비 10억 원이 줄어든다.

① 전년과 동일한 금액의 예산을 편성해야 하는 정책은 C, F 총 2개이다.

③ 정책 B는 '성과지표 달성도' 영역에서 '통과'로 판단되었지만, '계획 대비 실적'에서 미통과로 판단되어 예산을 감액해야 한다.

④ 예산을 전년 대비 15% 감액하여 편성하는 정책들은 B와 D로 모두 '계획 대비 실적' 영역이 '미통과'로 판단되었다.

121 ③

위 내용에서는 "해외 업체의 경우에는 주로 불법영업 단속 요청이 많다."는 것은 그래프를 통해 알 수가 없다.

122 ③

주어진 표는 2017년 및 2018년 상반기 동기간 동안의 5대 범죄 발생을 분석한 것이다. 약간의 차이는 있으나 전반적으로 보면 2017년에는 1,211건, 이에 대비 2018년에는 발생 범죄가 934건으로 감소됨을 알 수 있다. 그러므로 범죄다발지역에 대해 치안 담당자들이 해당 지역에 대한 정보를 공유하여 범죄의 발생 및 검거에 치안역량을 집중했음을 알 수 있다.

123 ①

총 3가지의 경로가 나오게 되는데 이는 다음과 같다.

- 경로 A→C→D→F→H : 3 + 3 + 7 + 6 = 19일
- 경로 A→C→E→G→H : 3 + 6 + 2 + 6 = 17일

하지만 문제에서 구하고자 하는 것은 주공정 경로이고 이는 다음과 같다.

- 주공정 경로 : A→B→D→F→H : 5 + 2 + 7 + 6 = 20

∴ 위 공정도표로 보았을 시에 공사기간은 최대 20일이 걸리게 된다.

124 ③

ⓒ의 경우, 전체 공장이 고려한 입지 요건은 9개이다. ⓒ에서 하나의 공장이 전체 요인을 고려한 공장이 되어 5개의 조건을 하나씩 가져가게 되면 요인이 4개가 남게 되므로 하나씩 분배할 수 있다. 그렇기 때문에 ⓒ은 옳은 내용이다. 예를 들어 1공장이 모든 요건을 다 고려했다고 했을 시에 C나 D를 고려한 공장은 1개뿐이므로 다음과 같이 나타낼 수 있다. 여기에 A, B, E에서의 요인 4개를 나머지 공장 2~5공장에 하나씩 분배하면 완성이 된다.

	A	B	C	D	E
1	○	○	○	○	○
2					○
3		○			
4		○			
5	○				
총계	2	3	1	1	2

ⓔ의 경우 ⓔ에서 보면 어떠한 입지 요인도 고려하지 않은 공장이 있을 경우 하나 이상의 공장이 없는 것과 동일하다. 그러므로 하나의 공장이 없는 경우를 생각해 보면 다음과 같다.

	A	B	C	D	E
1					
2					
3					
4					
5			없다고 가정해도 무방함		
총계	2	3	1	1	2

조건은 모두 9개인데, 고려해야 하는 공장이 4개이므로, 동일한 수의 입지요인을 분배할 수 없다. 그렇기 때문에 ⓔ은 옳은 내용이다.

125 ④

선입선출법을 사용하여 먼저 매입한 자재를 먼저 출고하는 방식으로 계산하면 아래와 같다.

- 5월 15일 60개 출고 = $50 \times 100 + 10 \times 120 = ₩6,200$
- 5월 24일 70개 출고 = $40 \times 120 + 30 \times 140 = ₩9,000$
- 5월 출고 재료비 = ₩15,200

126 ③

주어진 조건을 기반으로 각 비용을 구하면 다음과 같다.

- 우진이와 여자친구의 프리미엄 고속버스 비용 = 37,000원 × 2(명) × 2(왕복) = 148,000원
- 조카 2(여 : 50%를 할인 받음)의 운임 = 37,000원 × 50% × 2(왕복) = 37,000원
- 조카 1은 하행인 경우 우진이의 무릎에 앉아서 가므로 무료이고, 상행선의 경우에만 운임을 지불하면 된다.
  조카 1(남 : 75% 할인 받음)의 운임 = 37,000원 × (100 − 75)% = 9,250원

따라서 148,000원 + 37,000원 + 9,250원 = 194,250원이다.

127 ④

ㄱ 단순이동평균법 = $\dfrac{15 + 13 + 9 + 14}{4} = 12.75$대

　　(∵ 이동평균법에서 주기는 4개월로 하므로)

ㄴ 가중이동평균법

　　$= 15 \times 0.4 + 13 \times 0.3 + 9 \times 0.2 + 14 \times 0.1 = 13.1$대

ㄷ 단순지수평활법에서 5월의 예측치가 없으므로 단순이동평균법에 따른 예측치를 구하면

　　$\dfrac{13 + 9 + 14 + 10}{4} = 11.5$이다.

　　단순지수평활법 = 11.5 + 0.4(15 − 11.5) = 12.9대

따라서 ㄴ > ㄷ > ㄱ 순이다.

128 ②

각 대안별 월 소요 예산을 구하면 다음과 같다.

A안 : 모든 빈곤 가구에게 전체 가구 월 평균 소득의 25%에 해당하는 금액을 가구당 매월 지급한다고 하였으므로, $(300 \times 0.2 + 600 \times 0.2 + 500 \times 0.2 + 100 \times 0.2) \times (2,000,000 \times 0.25) = 300 \times 500,000 = 150,000,000$원이 필요하다.

B안 : 한 자녀 가구에는 10만 원, 두 자녀 가구에는 20만 원, 세 자녀 이상 가구에는 30만 원을 가구당 매월 지급한다고 하였으므로, $(600 \times 100,000 + 500 \times 200,000 + 100 \times 300,000) = 60,000,000 + 100,000,000 + 30,000,000 = 190,000,000$원이 필요하다.

C안 : 자녀가 있는 모든 맞벌이 가구에 자녀 1명당 30만 원을 매월 지급하고 세 자녀 이상의 맞벌이 가구에는 일률적으로 가구당 100만 원을 매월 지급한다고 하였으므로, $\{(600 \times 0.3) \times 300,000\} + \{(500 \times 0.3) \times 2 \times 300,000\} + \{(100 \times 0.3) \times 1,000,000\} = 54,000,000 + 90,000,000 + 30,000,000 = 174,000,000$원이 필요하다.

따라서 A < C < B 순이다.

129 ③

$$\sqrt{\dfrac{2 \times 1회 \, 주문비용 \times 연간 \, 수요량}{단위 \, 당 \, 재고유지비용}}$$

$$= \sqrt{\dfrac{2 \times 20 \times 400}{50 \times 0.2}} = 40$$

연간 최적 발주횟수 $= \dfrac{400}{40} = 10$이 된다.

130 ④

① 거리만을 고려한 최적의 물류거점의 입지

　A = 50 + 50 + 40 = 140km

　B = 50 + 60 + 45 = 155km

　C = 50 + 45 + 35 = 130km

　D = 40 + 60 + 35 = 135km

② 거리 및 물동량을 고려한 최적의 물류거점의 입지

　A = 50 × 30 + 50 × 20 + 40 × 40 = 4,100톤/km

　B = 50 × 50 + 60 × 40 + 45 × 20 = 5,800톤/km

　C = 50 × 50 + 45 × 30 + 35 × 40 = 5,250톤/km

　D = 40 × 50 + 60 × 30 + 35 × 20 = 4,500톤/km